바다의 고독

우리는 어떻게 바다를 죽이고 있는가

The Loneliness
of the sea

이용기 지음

대한민국 환경파괴 실태를 알리는 출판 프로젝트 저항

① 바다의 고독

참여해 주신 분들

강미애 · 강성규 · 공선주 · 권경숙 · 권혁범 · 금동혁 · 길정근 · 김경태 · 김경해 · 김규원
김기훈 · 김다율 · 김미나 · 김미라박소미 · 김미선 · 김사수미 · 김상률 · 김새순 · 김선미
김선애 · 김세영 · 김수옥 · 김영희변호사 · 김인곤 · 김재민 · 김정인 · 김정현 · 김현희
김희정 · 나무곁에서서 · 나선영 · 날심고한용 · 노태권 · 노현석 · 달개비임영주 · 대전
환경운동연합 · 더조은환경연대 · 땅별꿈 · 문성호 · 문종례 · 박상규 · 박수택 · 박종순
박지현 · 박한 · 백동현 · 빛나 · 산강연임진희이진홍 · 서민기 · 서서재 · 서지민 · 성현제
손장희 · 송민희 · 송재혁 · 송재형 · 송향헌 · 수달아빠 · 수암산책 · 신재은 · 신하민
신홍균 · 쓰줍인 비키 · 안경숙 · 안재현 · 양윤정 · 예서정 · 오명혜 · 오승현 안드레아
오영애 · 오은지 · 변홍철 · 우인정 · 우지현 · 유한목 · 윤리적최소주의자소일 · 윤지수
윤태경 · 은숙C · 이경제 · 이기영 · 이미정 · 이미정 · 이미정 · 이상헌 · 이성진 · 이숙희
이승렬 · 이지현 · 이태목 · 이호성 · 임수희 · 임윤정 · 임진영 · 장민경 · 장벽을걷어내고
흘러라 · 장선미 · 장수연 · 장한솔 · 전경림 · 정유진 · 정이듬 · 정정환 · 정헌호 · 정헌호
조성희 · 조원식 · 조인보 · 조환기 · 지구관찰자 · 지구별약수터 · 창원이유진 · 채병수
채지연 · 천윤경 · 초록환경교육센터 · 최예지 · 최인화 · 최준호 · 최현호 · 카르페디엠
코뿔소 · 포튤라카 · 한빛샘 · 한중권 · 해양환경보호단 레디 · 홍은경 · 홍정순

이름을 밝히지 않은 19분을 포함해 총 146분께서 참여해 주셨습니다.
진심으로 감사드립니다.

공존을 생각하며

환경운동연합에 있던 6년이라는 시간 동안 동·서·남해를 가리지 않고 우리 바다 이곳저곳을 돌아다녔다. 멀리서 보았을 때 푸르르기 그지없던 바다를 자세히 들여다보니, 바다는 해양쓰레기와 불법 어업으로 인해 병들어 가고 있었다. 아니, 죽어가고 있었다.

아무리 깨끗한 바다라고 소문난 곳에도 쓰레기는 있었다. 육지에 버려진 쓰레기들은 비와 바람이라는 거대한 자연의 힘에 의해 바다로 유입됐고, 어업에 사용되던 어구漁具들이 유실되거나 그대로 바다에 버려져 곳곳에 쌓이고 있었다. 해외에서 우리 바다로 떠밀려 온 쓰레기도 있었다. 그런데 우리 사회는 이런 불편한 사실에 대한 언급을 터부시했고, 문제를 해결하려고 용감하게 목소리 낸 누군가는 이해관계자들과 정부 내부 사람들의 반대에 부딪혀야 했다. 해양쓰레기와 어업 문제에 직접적인 관련이 있는 이들은 자신들에게 향하는 부정적인 목소리를 가만두려 하지 않았다.

　그럼에도 활동가로서 목소리를 내지 않을 수 없었다. 현재 우리 바다의 상황을 더 많은 이들에게 알려야 했다. 그래서 현장에서 목격한 해양쓰레기 문제와 불법 어업 문제를 담은 책을 집필하게 된 것이다.

　1부에선 해양쓰레기의 지역별 특성을 설명하면서 가능한 많은 지표를 활용해 현재 상황의 심각성을 알리려 노력했다. 또한 우리가 관심을 갖지 않으면 알기 힘든 플라스틱 문제와 폐수 문제도 담았다.

　올해 11월 부산에서 국제 플라스틱 협약GPT이 마무리된다. 해양쓰레기 근절 논의에서 출발한 이 협약의 결과물이 우리 바다의 미래를 좌우할 것이다. 이 협약에서 올바른 결과가 도출되는 데 있어 이 책이 조금이라도 도움이 될 수 있을까. 독자 여러분께서도 관심을 갖고 지켜봐 주시길 바란다.

　2부에서는 원양遠洋과 연근해에서의 불법·비보고·비규제 어업 실태를 담았다. 독자분들께 조금 낯설 수 있겠으나, 이는 바다에서 생명을 지우고 있는 전 지구적 문제로 우리가 반드시 관심을 가져야 할 내용이다.

　책에 불법 어업의 여러 사례를 담았지만, 여전히 정직하게 어업에 종사하시는 어민분들이 많다. 안 그래도 쉽지 않은 일인데 어민의 평균 연령이 매우 높아지고 있고 어획량은 감소하고 있는 지금 이러한 얘기를 꺼내게 되어 마음이 편치 않다. 그래도 누군가 계속 얘기하지 않으면 결코 바뀌지 않는다. 이 책을 집필하는 데 있어, 현실을 외면해선 안 된다는 마음이 더 크게 작용했다고 말하고 싶다.

바다 그리고 생태계와 공존 없이 인류의 지속을 생각할 수 없다는 마음을 전달하고 싶었다. 한편으론 글을 쓰는 내내 '독자들에게 짐을 떠넘기고 있는 건 아닌가?'라는 생각이 들어 고민이 많았으나, 그래도 입 밖으로 꺼내야 하는 얘기라고 판단했다. 오늘날 우리 바다는 그럴 수밖에 없는 상황에 처해 있다.

마지막으로, 바다와 생태계를 착취하는 인류의 구성원으로서 지구에서 사라지고 있는 종과 망가지고 있는 바다에 진심을 담아 사죄의 말을 전한다. 화성으로의 이주를 위한 투자가 이루어지고 있는 지금, 부디 우리의 삶터인 지구를 장기적으로 안전하게 머물 수 있는 장소로 만드는 데 많은 사람이 동참해주길 소망한다.

2024년 9월
참고래를 만난 대서양을 바라보며 캐나다에서
이용기

차례

1부

쓰레기로
뒤덮인
바다

어업과
해양쓰레기

2018년 10월, 환경운동연합은 불법 어업과 해양쓰레기를 근절하고 해양보호구역을 확대하자는 메시지를 담아 남해 지역에서 무동력 항해 캠페인을 진행했다. 통영에서 출발해 사천, 여수를 거쳐 보성까지 9일간 무동력 항해를 하며 해양환경과 수중 생태를 조사하는 캠페인이었는데, 여수에서 출발한 첫날부터 우리는 무수히 많은 스티로폼 조각과 마주해야 했다. 물결을 따라 둥둥 떠다니는 모습이 꼭 쓰레기 은하수를 보는 것 같았다.

이러한 작은 스티로폼 조각들은 대부분 어업에 사용되는 어구에서 나온다. 현재 전국의 양식장에서 약 5500만 개의 부표

바다 위를 수놓은 스티로폼 조각들.

를 사용하고 있는데, 상당수가 저렴하고 가벼운 발포폴리스티렌*으로 만들어진 부표다. 애석하게도 이러한 부표를 비롯해 어업에 필요한 수많은 어구가 스티로폼으로 만들어지고, 제대로 수거되지 않은 채 해양쓰레기가 되고 있는 것이다.

2021년 어장관리법 시행규칙이 개정되면서 2022년 11월부터 수하식 양식장에서 스티로폼 부표 설치가 금지되었고, 2023년 11월부터는 모든 양식장에서 스티로폼 부표 신규 설치가 금지되었다. 기존에 사용하던 스티로폼 부표도 플라스틱 부표로 교체되고 있긴 하지만 2024년 현재 여전히 약 2300만 개의 스티로폼 부표가 우리 바다에 떠 있는 것으로 추정된다.

물론 해양쓰레기는 스티로폼뿐만이 아니다. 어업으로 인해 생기는 다른 종류의 해양쓰레기도 그 양이 상상을 초월한다. 그도 그럴 것이 우리나라는 2014년이 되어서야 런던협약**을 제대로 이행하기 시작했다. 게다가 바다에 폐기물을 투기하지 못하게 하는 다양한 국제협약과 조약이 나오기 전까지 다양한 폐기물을 정부 주도로 바다에 버려왔을 정도니 어업 중 발생한 폐기물을 육지로 들고 오는 수고로운 일을 누가 나서서 했으랴. 바다는 쓰레기를 눈에 보이지 않게 버리기 좋은 쓰레

---

* 거품처럼 작은 기포를 무수하게 지닌 폴리스티렌으로, 일상적으로 우리가 '스티로폼'이라고 부르는 것이 발포폴리스티렌의 일종이다. 해양 미세플라스틱의 주요 발생원으로 지목되고 있는 것이 바로 이 스티로폼 부표이다.

** 폐기물의 해양 투기로 인한 해양오염을 방지하기 위하여 마련된 국제협약. 1972년에 체결되어 1975년부터 발효되었으며, 우리나라는 1993년 12월에 가입하여 1994년 1월부터 발효되었다.

기통일 뿐이었다. 오늘날 상황과는 반대로, 일본에서 우리더러 바다에 쓰레기를 그만 좀 버리라고 항의하던 시기도 있었다.[1] 지금이야 정부 주도의 대량 투기는 사라졌지만 여전히 많은 어선에서 어구를 비롯한 쓰레기가 버려지거나 유실되고 있다.

특히 큰 문제로 대두되고 있는 것 중 하나가 어망이다. 유실되거나 함부로 바다에 버려진 커다란 어망이 해저를 덮어버리면 그 일대는 죽은 바다나 다름없게 된다. 여러 생물이 어망에 걸려 죽게 되고, 죽은 생물이 부패를 거쳐 또 다른 생물을 끌어들이는 미끼가 되면서 목적 없는 유령 어업*이 반복되기 때문이다. 이 악순환은 어구가 수거되기 전까지 끊임없이 거듭되다가 그 일대의 바다를 서서히 죽음으로 물들인다. 통발처럼 틀이 짜인 어구뿐 아니라 자망, 안강망, 선망 등 다양한 어구가 이와 같은 유령 어업의 덫으로 사용되고 있다.

그런데도 우리는 아직까지 누가 얼마나 많은 어구를 사용하고 있고, 얼마나 수거되며, 바다에 버려지는 어구는 얼마나 되는지 제대로 파악하지 못하고 있는 실정이다. 지금과 같은 상황이 지속되면 해양폐기물에 대한 통계는 그저 실속 없는 더하기 빼기가 될 수밖에 없다.

유령 어업은 비단 우리나라만의 문제가 아니다. 우리 외에도 많은 나라의 바다에 추정할 수 없는 양의 그물이 버려져 방치

---

* 유령이 물고기를 잡는다는 뜻으로, 바다에 버려진 폐어구나 폐어망에 물고기 따위가 걸려 죽는 일을 비유적으로 이르는 말이다.

되고 있다. 미국 해양대기청NOAA이 어민들과 협력하여 폐어구를 처리하는 프로그램을 진행한 적이 있는데, 당시 미국 56개 지역에서 수거한 폐어구만 총 1814톤에 달한다.[2] 당연한 얘기지만 어구가 유실되는 지역이 물고기가 많이 사는 조업 지역인지라, 폐어구로 인해 죽게 되는 해양생물 종의 90퍼센트가 상업적 가치가 있다는 해양대기청의 자료도 있다.[3] 우리나라도 상황이 별반 다르지 않을 텐데, 연근해 어업 생산량이 2019년부터 100만 톤 아래로 떨어진 우리나라에서 폐어구와 유령 어업 문제를 이대로 두어도 괜찮은 것인지 자꾸만 자문하게 된다. 유령 어업이 어민의 생계에도 상당한 영향을 끼친다는 사실을 결코 간과해서는 안 된다. 우리가 낳은 환경문제는 반드시 우리에게 돌아온다.

다행히 2021년 12월 9일 수산업법 개정안이 국회를 통과하면서 어구에 소유자 이름표를 달아야 한다는 규정이 생겼고 '어구·부표 보증금제'가 신설되었다. 폐어구와 폐부표의 자발적 회수를 꾀한 것이다. 하지만 활동가의 시선으로 보면 부족함이 많다. 과태료가 크지 않은 데다 일부 어업(연근해 자망·안강망·통발 어업)에 한해 어구를 통제하는 개정안이기 때문이다.

한편 금강 하구에선 폐어선을 이용한 실뱀장어 불법 어업이 횡행하고 있는데, 이러한 불법 선박에서는 사용할 수 없게 된 그물을 아무렇게나 폐기하고 있다. 실제로 활동을 하면서 매년 현장에서 불법으로 버려진 섬유강화플라스틱FRP 선박과 그물들을 목격하고 있는데, 접근하기 힘든 자리에 버려져 드론을 날려야 상황을 확인할 수 있는 경우도 수두룩하다. 그런데도 지자체에서는 폐어선 처리 예산이 없어 이러지도 저러지도 못하는 상황이다. 여러 매체와 협력해 어선과 어구의 불법폐기 문제를 공론화하여 대중의 관심도 어느 정도 얻었고 이곳저곳에서 비판을 이끌어내기도 했지만, 안타깝게도 현장의 모습은 변하지 않고 있다.

해양수산부에서 공개하고 있는 「등록어선통계」에 따르면 현재 시스템에 등록된 연안 자망 어선이 1만 2170척, 근해 자망 어선이 373척이다. 연안 자망 어선에서 사용할 수 있는 어망의 길이가 12킬로미터이고 규모가 더 큰 근해 자망 어선의 경우 그보다 더 길다. 단순 계산을 해보면 국내 연근해 자망 어선에서 쓰는 어망만 15만 킬로미터 이상, 즉 지구 네 바퀴를 감을 수 있는 길이가 된다. 어구 통제를 받지 않는 이외의 어업까지 고려했을 때 실제로 사용되는 어구는 최소 두 배 이상일 것으로 추정하고 있는데, 사용 어구의 3분의 1가량이 유실되고 있으니 유실되는 어망만으로도 지구 두 바퀴는 감을 수 있는 셈이다.

2019년 기준 우리나라 1인당 수산물 소비량은 68.1킬로그램[4]으로 세계 최고 수준일뿐더러 육류 소비량을 웃돌고 있다. 우리나라에 왜 이렇게 많은 양식장이 있는지 알 수 있는 대목이다. 그런데 이처럼 바다에서 막대한 자원과 식량을 얻고 있으면서도 정작 가장 중요한 해양생태계 관리는 제대로 하지 않고 있다. 바다와 인류의 공생을 생각한다면 우리가 바다에서 가져오는 것만큼 해양환경과 생태계를 지키기 위한 노력을 기울여야 하는 것이 당연한 일 아닌가. 해양자원은 결코 무한하지 않다. 그런데 우리는 현재 미래세대에 전달되어야 할 자원마저 파괴하고 있다.

5500만 개의 부표와
미세플라스틱

우리나라는 현재 서울시 면적의 약 세 배에 달하는 양식장을
보유하고 있으며, 양식장에서 생산되는 수산물이 연근해 어획
량의 두 배에 달한다. 앞서 언급했듯 이렇게 넓은 양식장에서
현재 사용되고 있는 부표가 약 5500만 개, 그중 스티로폼 부표
는 약 2300만 개로 추정하고 있다.

전국 바다를 돌면서 수많은 스티로폼 부표를 목격했다. 주인
없이 떠다니는 부표와 스티로폼 부스러기는 어디에서든 쉽게
볼 수 있었다. 양식장 부근은 물론이고, 섬 어디를 가도 스티로
폼이 쌓이지 않은 곳이 없을 정도였다. 지금도 서해안과 남해
안 일부 지역에는 부서진 스티로폼 알갱이를 모래처럼 퍼 올릴

해상 양식장에 빼곡하게 펼쳐진 부표들.

수 있을 정도로 많이 쌓여 있다. 잘게 쪼개져 한곳에 모인 스티로폼이 물과 섞여 죽처럼 된 곳도 있었다.

　스티로폼 부표는 가볍고 저렴하지만 조각나기가 쉬워 미세플라스틱 문제를 낳는다. 해양생물들이 부서지고 또 부서져 미세해진 플라스틱을 먹이로 착각하고 섭취하고 있다. 그 미세플라스틱은 해양생물의 몸속에서 사라지지 않고 먹이사슬을 타고 올라오다 해양생물로 단백질을 보충하고 있는 인류에게 고스란히 전달될 수밖에 없다. 이미 2019년 세계자연기금WWF에서 한 사람이 일주일에 평균 신용카드 한 장 분량의 미세플라스틱을 섭취하고 있다는 연구 결과가 나온 바 있다.

　다행히 2021년 11월 12일 어장관리법 시행규칙이 개정되었고, 2023년 11월부터 본격적으로 모든 어장에서 스티로폼 부표 신규 설치가 금지됐다. 하지만 우리는 아직도 많이 남아 있는 스티로폼 부표를 처리해야 하고 이미 유실되어 바다 어딘가에서 미세플라스틱을 만들고 있는 스티로폼을 막을 대안이 없는 상황이다. 현재 스티로폼 부표의 대체제로 투입되고 있는 부표도 플라스틱으로 만들어진 것이니, 미세플라스틱 문제는 앞으로도 오랫동안 유효할 것이 분명하다.

　몇 년 전 남해 현장에서 한 어민을 만난 적이 있다. 그는 지자체 지원을 받아 설치했던 개량형 플라스틱 부표를 다시 수거하고 스티로폼 부표를 재설치하고 있었다. 미세플라스틱 문제도 있는 데다 스티로폼 부표는 장기적으로 양식장의 수산물에 영향을 끼칠 수밖에 없기 때문에 그 이유가 궁금하여 그에게 왜 다시 스티로폼 부표를 설치하는지 물었다. 그러자 그는, 개량형 부표는 약 5밀리미터 두께의 딱딱한 부표인데 그 재질상 문제로 인해 지나가는 어선이나 파도 등의 외부 충격에 의해 쉽게 손상된다고 말했다. 문제는 양식장 부표들은 서로 줄로 연결되어 있다는 점이다. 어느 하나가 파손되어 물속으로 가라앉기 시작하면 다른 부표들도 연쇄적으로 물속으로 끌려갈 수밖에 없고, 그렇게 바닷속으로 끌려가면 압력으로 인해 멀쩡한 부표도 결국 파손을 피할 수 없다는 것이 그의 설명이었다. 그는 결과적으로 개량형 부표가 양식장을 망치고 있다고 말하면서

건축 단열재를 섞어 만든 스티로폼 부표.

수거도 힘들어 끌어 올리는 건 엄두도 못 낸다고 하소연했다.

개량형 부표는 당시 지자체에서 일부 지원금을 받아 개당 약 2만 원에 구매할 수 있었고, 스티로폼 부표는 지원금 없이도 5천 원에 구매할 수 있었다. 어민들이 네 배나 비싼 값을 치르면서 해양환경 보존을 위한 정부 정책에 협조하고자 기존 스티로폼 부표를 개량형 부표로 교체한 것이다. 그러나 결국 제자리로 돌아와 다시 스티로폼 부표가 설치됐고, 어민들은 제대로 된 검증이 이루어진 것인지 답답함을 표하고 있었다.

또 한번은 제보가 들어와 충남 태안에서 사람 몸만 한 스티로폼 부표 하나를 조사했는데, 그 안에 특별한 방법으로 처리해야 하는 건축 단열재가 들어있었다. 제보를 해준 지자체 공무원은 다른 나라에서 밀려왔을 것이라 짐작했는데, 애석하게도 단열재에는 KS 마크가 찍혀 있었다. 부표 제작을 하는 업체에 따로 문의해 보니, 과거에는 부표를 만들 때 건축 단열재를 섞어 만드는 일이 꽤 많았다고 했다. 건축폐기물을 처리하는 비용을 아낌과 동시에 부표의 원재료 비용을 줄일 수 있는 꼼수였다.

제도가 조금씩 변하고는 있지만, 여전히 갈 길이 멀다. 결국 스티로폼 부표뿐만 아니라 플라스틱 부표의 대체제도 필요할 것이고, 이를 위해 지속적인 연구가 진행되어야 한다. 물론 그 과정에서 현장의 목소리도 충분히 담겨야 할 것이다.

쓰레기로 둘러싸인
한반도

삼면이 쓰레기로 극성이다. 온종일 쓰레기를 치워도 다음 날이 되면 어김없이 또 다른 쓰레기가 해안을 덮는다. 매일 아침 해안가로 쓰레기가 밀려오다 보니 이제는 자연의 섭리처럼 느껴질 정도다. 해양생태계 보전을 위한 캠페인을 진행하면서 여러 현장에 방문했다. 그리고 어떤 현장에서든 예외 없이 해양폐기물들을 목격했다.

　환경운동연합 사무실이 있는 종로에서 가장 가까운 바다는 인천이다. 현재 휴업 중인 영종도 용유역에서 20분을 걷다 보면 마시안 해변에 다다른다. 이름이 조금 생소할 수 있는데, 수도권 사람들이 많이 찾는 을왕리 해변과 그리 멀지 않은 거리에 있는 해변이다. 지금은 용유역까지 운행되던 자기부상열차 운영이 중단되어 접근성이 떨어진 데다 해변 정비가 끝나고 어촌계가 직접 관리하고 있어 조금 변하긴 했지만, 얼마 전까지만 해도 유독 마시안 해변에서 많이 발견되는 독특한 쓰레기가 있었다. 바로 면장갑이다. 3킬로미터 길이의 인천 마시안 해변에서 시민들과 함께 플로깅*을 하는데 비닐, 페트병, 소주병, 캔 등과 함께 많은 면장갑이 버려져 있었다. 다름 아닌 영종도의 명물 조개구이 탓이었다. 당연히 해변 곳곳에는 조개구이의 흔적도 많이 남아 있었다.

당시 그 일대는 차박과 캠핑 명소였다. 당연히 관리의 주체는 부재한 상황이었다. 무엇보다 눈살을 찌푸리게 한 것은 땅속에 묻힌 쓰레기들이었다. 흙 사이로 삐져나온 비닐이 보여서 꺼내려고 땅을 좀 파다 보니 50센티미터가량 파게 되었는데, 소주병, 맥주 캔, 음식물 찌꺼기, 포장 용기 등이 섞여 있는 쓰레기 봉투가 나왔다. 이렇게 깊게 묻은 것도 참 정성이라는 생각이 들 정도였다.

현재 마시안 해변에는 울타리가 둘러쳐져 있다. 커피숍이나 식당 등의 시설을 이용하지 않고서는 어촌계가 통제하는 출입구를 이용해야 해변으로 들어갈 수 있게 바뀌었다. 덕분에 지난해 여름 마시안 해변을 다시 방문했을 때는 확실히 캠핑 쓰레기는 줄어든 상태였다. 그런데 애석하게도 그 자리를 어딘가

---

* 건강과 환경을 함께 지키기 위하여 조깅을 하며 쓰레기를 줍는 행동.

에서 밀려온 부표와 스티로폼 덩어리들이 채우고 있었다.

충남 서산과 태안 사이에는 호리병 모양의 만灣 가로림만이 있다. 가로림만은 천연기념물 점박이물범의 출현으로 2016년 7월 28일 해양생물보호구역*으로 지정된 곳인데, 보호지역 면적이 약 91제곱킬로미터에 달한다. 법정 보호지역이기 때문에 그동안 지자체에 관리 예산이 나왔고, 지자체는 그 예산으로 해안 정화 사업을 진행해 왔다. 2018년 12월, 환경운동연합 해양서포터즈와 함께 가로림만 벌천포에서도 플로깅을 진행했다. 우리가 도착했을 때는 이미 마을 주민이 모여 해안 정화 활동을 진행한 뒤였다. 멀리서 보니 정말 눈에 띄는 쓰레기가 적었다. 그런데 벌천포 해안에 들어가 모래를 밟으며 쓰레기를 줍다 보니 어느새 우리가 가져온 마대에 쓰레기가 가득 차 있었다. 전날에 정화 작업을 한 차례 거쳤다는 벌천포 해안에는 부탄가스와 뿌리는 살충제, 라면 용기, 자동차 엔진오일, 화학약품 통 등이 널려 있었다. 빠지면 서러운 스티로폼 부표도 눈에 들어오긴 했는데, 주가 되는 것은 일상 쓰레기들이었다. 아니나 다를까 벌천포 주변에도 캠핑장이 있었다. 우리가 발견한 쓰레기들이 모두 캠핑장에서 나온 것이라 단언할 수는 없지만, 일반 해변과 달리 너무 많은 생활용품이 나왔기 때문에 의심

---

* 우리나라의 법정 해양 보호지역은 해양수산부가 지정하는 해양보호구역, 환경부가 지정하는 해상해안국립공원, 국가유산청이 지정하는 천연기념물로 나뉘며, 해양수산부 지정 해양보호구역은 해양생태계의 특성에 따라 해양생물보호구역, 해양생태계보호구역, 해양경관보호구역으로 구분된다.

이 들 수밖에 없었다.

가로림만이 해양보호구역이기는 하나 제재가 그리 강하지 않다 보니 자연스레 그 주변에 다양한 시설이 들어섰다. 그 시설들에서 꾸준히 쓰레기가 나오고 있는데, 올해는 해양보호구역 관리 예산이 크게 삭감되어 지자체에서 진행하던 해안 정화 활동도 그치게 되었다. 걱정이 앞설 수밖에 없는 상황이다.

서산과 태안이 감싸고 있는 가로림만 아래에는 태안해안국립공원이 있다. 북으로는 태안항, 남으로는 안면도까지 걸쳐 있는 약 377제곱킬로미터의 태안해안국립공원은 환경부가 지정·관리하는 해상국립공원이다. 지난해엔 바다의 날을 맞이해 동료들, 시민들과 함께 태안해안국립공원 내 해안가에서 플로깅을 진행했다. 역시나 가장 먼저 눈에 들어온 것은 수많은 스티로폼 부표였다. 그런데 흥미로운 사실은 그 인근엔 양식장이 없다는 점이다. 그곳에서 가장 가까운 양식장이라면 안면도 샛별해수욕장에서 약 7.5킬로미터 떨어져 있는 내파수도 옆 이름 모를 양식장과 태안반도 안쪽 천수만에 있는 굴 양식장뿐이었다. 굴 양식장에서 스티로폼 부표를 사용한다고 가정해도 해안가에 깔린 부표의 양은 비정상적이었다. 어디서 그렇게 많은 양의 부표가 온 것일까.

물론 수많은 양식장이 우리나라 해안 전역에 분포해 있기 때문에 버려진 부표와 스티로폼은 동·서·남해 어디를 가든 쉽게 볼 수 있다. 당시 우리가 갔던 태안해안국립공원 해안은 만처럼 굽어진 해변이었는데, 바닷바람과 파도가 스티로폼을 한곳

태안해안국립공원 내 위치한 섬 가의도의 해안.
어딘가에서 떠밀려 온 스티로폼 부표를 비롯한 다양한 쓰레기들이 한편에 쌓여 있다.

갯벌에 그대로 방치된 폐어선 위에 천연기념물인 노랑부리저어새와 왜가리가 앉아 있다.

으로 모아 스티로폼 죽 웅덩이를 만들고 있었다. 태안 가의도 남쪽 해안에는 위성사진으로 확인할 수 있을 정도로 많은 부표가 쌓여 있다. 접안이 힘들고 가의도항에서 도보로 가기도 어려운 곳이기에 정화 활동에 어려움이 있을 수밖에 없음은 충분히 이해하지만, 최상위 보호지역 안에 이렇게나 많은 폐부표가 쌓여 있는 것을 보면 한없이 무력해진다.

한편, 전북 군산 금강 하구에서는 불법 어업에 사용되다 버려진 폐어선들을 쉽게 볼 수 있다. 처리 비용이 비싼 폐어선들이 뒷거래되어 불법 어업에 사용되다가 갯벌에 아무렇게나 버려져 그 주변 경관을 흉측하게 만들고 있다. 한번은 드론을 날려 썰물로 바다을 드러낸 갯벌 위 선박을 촬영했는데 당혹스럽게도 천연기념물인 노랑부리저어새가 폐선박 위에 앉아 쉬고 있었다. 천연기념물과 불법 폐기물이라는 부자연스러운 조합에 잠시 말문을 닫고 관찰했다.

폐선박 주변에는 물이 얕아 아직 어딘가로 떠밀려 가지 않고 방치된 실뱀장어 어획용 어구가 천천히 흔들리고 있었다. 혹여나 저 어구에 저어새가 걸리기라도 한다면 생명을 잃을 게 뻔했다. 천연기념물이 위협받는 상황이지만 금강 하구에서는 아직도 실뱀장어 불법 어업*이 진행되고 있으며, 폐어선과 폐그물이 마구 버려지고 있다. 이 지역의 문제는 이미 여러 차례 언론을 통해 소개된 바 있지만 여전히 폐어선과 폐어구들은 치

---

* 실뱀장어 불법 어업에 대해선 2부 「우리 주변의 IUU 어업」에서 보다 자세히 다루었다.

멸치잡이 죽방렴에 걸려 올라오는 쓰레기.

워지지 않고 있다. 선박의 주인이 누구인지 알 수 없다는 이유에서이다. 사소하게 여겨서는 안 될 문제다.

전통적인 방식의 멸치잡이 '죽방렴'으로 유명한 경남 사천 실안은 강줄기와 바다가 만나는 기수역汽水域으로, 생물다양성이 매우 뛰어난 지역이다. 그런데 현재 이곳 어민들의 입에서 "물고기 반 쓰레기 반"이라는 안타까운 푸념이 나오고 있다. 강물을 타고 육지 쓰레기가 몰려들어, 홍수가 나면 사람 키의 두 배만 한 죽방렴 안이 쓰레기로 가득 찬다는 것이다.

거제 사곡만에서도 역시나 스티로폼 부표가 눈에 띄었다. 다만 부산 기장의 대변항 인근에서는 축구공 모양으로 생긴 플라스틱 구체를 쉽게 볼 수 있었는데, 다름 아닌 미역 양식에 쓰는 부표였다. 그나마 스티로폼이 아니라 다행이라고 해야 할까.

그렇다고는 해도 플라스틱 또한 바다에 버려질 경우 향후 수백 년간 미세플라스틱으로 인류를 괴롭힐 것이 분명하다.

　강원 강릉 커피 거리 인근 해변에는 일회용 커피 컵이 굴러 다니긴 했지만, 불행인지 다행인지 매우 많다고 느껴지지는 않았다. 그러나 눈에 띄진 않아도 동해에도 분명 엄청난 양의 쓰레기가 있을 것이라 생각하고 있다. 동해는 서해와 달리 수심이 깊어서 바다에 버려진 쓰레기들이 쉽게 수면 위로 드러나지 않기 때문이다. 확실한 것은 우리나라 바다 어디를 가든 쓰레기를 볼 수 있고 우리가 보는 양의 쓰레기보다 더 많은 쓰레기가 존재한다는 것, 그리고 그 쓰레기의 대부분이 플라스틱이라는 것이다.

　우리는 보통 바다에 가면 넓고 푸른 바다의 모습을 눈에 담아 온다. 그런데 기회가 되면 그 바다의 주변도 한번 둘러보길 바란다. 만약 그때 당신의 눈에 아무렇게나 버려진 쓰레기와 부표들이 들어온다면, 이제 당신도 현실을 마주하게 된 것이다.

국제 플라스틱 협약

매년 바다로 최소 800만 톤[5]에서 최대 1400만 톤[6]에 달하는 플라스틱이 유입되고 있다. 전문가들은 이대로 가다간 2040년이 되면 바다에 유입되는 플라스틱이 2900만 톤을 돌파할 것이라고 보고 있다.[7]

1950년대 200만 톤이던 플라스틱 한 해 생산량은 오늘날 230배가량 증가해 4억 6000만 톤이 되었고, 1950년대부터 지금까지 생산된 플라스틱의 총량은 95억 톤에 달한다.[8] 이렇게 엄청난 양의 플라스틱이 지금도 육지에 매립되거나 바다로 흘러들고 있다. 세계자연보전연맹IUCN은 2021년 11월 이슈 브리핑에서 바다 표면에서 발견되고 있는 쓰레기의 80퍼센트가 플라스틱이라고 전했다.

거세게 몰아치는 파도는 파괴적이다. 강도가 높기로 소문난 플라스틱일지라도 거친 파도를 감당할 순 없다. 거기에 뜨거운 태양 빛이 더해지면 바다를 부유하던 플라스틱은 작은 해양생물들이 플랑크톤과 구분하지 못할 정도로 잘게 쪼개진다. 문제는 플라스틱이 비스페놀 ABPA, 프탈레이트, 폴리염화비닐PVC 등 생명체에 해를 끼치는 물질이 들어 있는 석유화학제품이라는 것이다.

해양생태계의 먹이사슬은 규조류 등의 식물성플랑크톤에서 물벼룩이나 물고기 유생 등의 동물성플랑크톤, 조개, 멸치, 새우 등의 작은 해양생물들, 고등어와 같은 중간 물고기, 참치와 같은 큰 물고기, 상어나 고래 같은 대형 물고기로 이어진다. 해양생물들이 아주 잘게 쪼개진 플라스틱을 먹이로 착각하고 삼키면 플라스틱은 이러한 먹이사슬을 타고 올라오게 된다. 그리고 주지하다시피 먹이사슬의 끝에는 우리 인간이 있다.

물론 먹이사슬을 거치지 않고 큰 물고기가 인간이 버린 플라스틱 쓰레기를 삼킨 경우도 많다. 사람들의 뇌리에 강렬하게 남은 것은 역시 빨대를 잘못 삼킨 바다거북의 모습일 텐데, 우리나라에서도 유사한 사례가 있었다. 2018년 11월 전북 부안 앞바다에서 잡힌 아귀의 위에서 페트병이 나온 것이다.[9] 위산에 녹지 않은 500밀리리터 페트병이 아귀의 위벽에 붙어 있는 모습은 그야말로 충격이었다.

이러한 와중에 2018년 『네이처 지오사이언스Nature Geoscience』

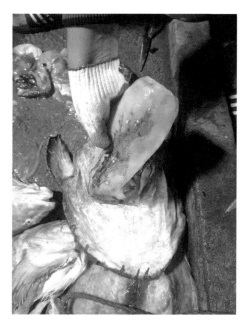

2018년 발견된 페트병을 삼킨 아귀. ©전북환경운동연합

에 발표된 영국 맨체스터대학교 연구팀의 논문이 국내에 큰 충격을 주었다. 논문에는 미세플라스틱 농도가 높은 장소 순위를 매겨놓았는데, 놀랍게도 2위와 3위가 우리 대한민국이었다. 2위는 수도권에서 가까운 인천 해안이었고, 3위는 다름 아닌 낙동강 하구였다.[10] 자료는 강을 통해 바다로 유입되고 있는 육지 플라스틱 쓰레기의 양이 결코 무시할 수 없는 수준임을 말해주고 있었다. 현 인류뿐 아니라 미래 지구에서 살아갈

후세의 인류와 수많은 생명을 생각하면 근심이 깊어지지 않을 수 없다.

일주일에 5그램짜리 신용카드 한 장 분량의 플라스틱을 섭취한다는 세계자연기금의 연구 결과가 사실이라면, 한 달이면 레고 블록 하나, 1년이면 플라스틱 접시 하나, 10년이면 구조용 플라스틱 튜브 하나 분량의 플라스틱을 섭취하게 되는 셈이다. 이런 충격 속에 각국의 대표들이 2022년 케냐 나이로비에 모였다.

2022년 2월, 나이로비에서 제5차 유엔환경총회UNEA-5가 열렸다. 193개 유엔 회원국의 대표들과 기업가, 시민사회의 환경 운동가를 비롯한 수많은 이해관계자들이 해양폐기물에 대한 문제를 논의하기 위해 한자리에 모였다. 당시 총회에서는 법적 구속력이 있는 플라스틱 협약을 맺고, 플라스틱의 전체 수명주기에 따른 별도의 관리를 제안한 페루-르완다 결의안과 해양 오염 문제에만 초점을 맞춘 일본의 결의안을 두고 논의가 진행되었다.

당시 환경단체들에서는 단순히 폐기 문제에만 집중한 일본의 결의안이 채택되는 것은 아닌지 매우 걱정했다. 일본의 결의안은 생산단계를 전혀 고려하지 않은 실효성이 떨어지는 결의안이라는 것이 연구자들과 환경단체들의 공통된 견해였는데도, 페루-르완다 결의안에 공동 제안국으로 참여한 국가가 50여 개국뿐이었기 때문이다. 물론 유럽연합이라는 강력한 환경 리더 그룹이 페루-르완다 결의안에 참여하긴 했지만 미국,

중국 등의 플라스틱 주요 생산국들은 여전히 생산 감축보다는 폐기물 재활용에 초점을 맞추고 있었다.

한국의 환경단체로서 할 수 있는 일은 성명을 통해 우리 정부도 적극적으로 페루-르완다 결의안에 동참할 것을 촉구하는 것뿐이었다. 해양수산부, 환경부, 산업통상자원부, 외교부 등 각 부처가 저마다 이해관계로 얽혀 있다 보니 한목소리를 낼 수 있을지 우려스러웠지만, 결과적으로 우리나라 역시 페루-르완다 결의안에 공동 제안국으로 참여했고, 다행히 협의 끝에 제5차 유엔환경총회에서 페루-르완다 결의안이 채택됐다. 이 결의안이 채택되면서 협약의 이름도 '국제 플라스틱 협약'으로 정해졌다.

그러나 당시 정부 담당자로부터, 결의안이 채택되긴 했지만 플라스틱을 수명주기에 따라 규제·관리하는 협약으로 나아가는 것은 쉽지 않을 듯하다는 의견을 들은 바 있다. 석유화학제품을 주로 생산하는 나라들이 대부분 강대국이기 때문이다. 당장 중동의 산유국들은 자국의 이익을 지키기 위해 전력을 다할 것이고, 미국이나 중국같이 플라스틱 제품을 대량으로 생산하는 국가들 역시 경제적 손해를 보지 않으려 할 것이 뻔했다. 2021년에 미국화학협의회ACC가 '플라스틱 금지법'과 관련해 미국 정책 입안자들을 로비하는 데 1660만 달러(한화로 약 200억 원)를 썼다는 사실도 드러난 상태였다.[11] 또 개발도상국이나 최빈국은 선진국들과 달리 협약에 따라 플라스틱을 관리할 준비가 안 됐다는 우려도 있었다.

2022년 페루-르완다 결의안 채택 이후 정부간협상위원회INC에서 협상이 진행되고 있다. 2022년 말, 우루과이 푼타델에스테에서 진행된 정부간협상위원회 제1차 회의에서는 참석자들 간 플라스틱 문제가 충분히 공유되었고, 그 심각성으로 인해 2024년까지 협약을 마무리하기 위해 최선을 다하자는 분위기가 형성됐다고 한다. 그 후 2023년 5월 29일부터 6월 2일까지 이어진 제2차 회의에선 여섯 개의 핵심 의무—①1차 플라스틱 폴리머 공급, 수요와 사용의 단계적 중단 또는 감소 ②대체 가능한 문제성 플라스틱 제품의 사용 금지, 단계적 중단 또는 감소 ③우려되는 화학물질과 폴리머의 생산·소비 및 사용의 금지, 단계적 중단 또는 감소 ④미세플라스틱 줄이기 ⑤폐기물 관리 강화 ⑥안전하고 지속 가능한 대안 및 대체재의 사용 촉진[12]—에 대해 논의했는데, 지금까지도 사우디아라비아와 같은 산유국들의 큰 반발이 이어지고 있다.

이런 양상은 2023년 11월 13일부터 19일까지 케냐 나이로비에서 진행된 제3차 회의에서도 반복되었다고 한다. 한국이 제5차 회의 개최지로 결정된 후 플라스틱추방연대BFFP의 초대를 받아 제3차 회의 전에 방콕에서 열린 워크숍에 참여한 적이 있다. 당시 워크숍 참석자들 모두 협약이 생태계를 지키는 방향으로 흘러갈 수 있을지를 걱정하고 있었다. 역시나 제3차 회의에서 아무런 진전이 없었고, 그로 인해 2024년 협약 완성이라는 목표의 달성이 우려되는 상황이 되었다. 제4차 회의는 2024년 4월 캐나다 오타와에서 열렸고, 제5차 회의는 2024년

2022년 9월 22일, 제7차 국제 해양폐기물 콘퍼런스가 열린 부산 벡스코 앞에서
세계 각국의 NGO 활동가가 모여 목소리를 내고 있다. ©BFFP

11월 우리나라 부산에서 진행될 예정이다. 이 부산에서의 회의가 플라스틱 협약의 마지막 회의가 될 예정이기 때문에 시민 모두의 관심과 강력한 결단 촉구가 절실히 필요한 시점이다.

앞서 언급했다시피 우리는 어느 해안에 가도 쓰레기를 쉽게 발견할 수 있고, 주된 쓰레기는 플라스틱이다. 지금 이 순간에도 1분마다 덤프트럭 한 대 분량의 쓰레기가 바다에 버려지고 있다. 그런데도 이러한 현실이 아직 많은 사람들에게 가슴으로 받아들여지지 않는 듯하다.

역행하는
환경정책

2017년, 자국 내 환경문제의 심각성을 인지한 중국이 돌연 쓰레기 수입을 중단하겠다는 선언을 했다. 잘 생각해 보면, 쓰레기 문제가 우리에게 본격적인 위협으로 다가온 것이 그때부터였다.

중국은 2017년 7월 18일 세계무역기구WTO에 2018년 1월 1일부터 폐플라스틱과 폐지, 고체폐기물을 비롯한 24종의 쓰레기 수입을 중단하겠다고 통보했다.[13] 중국으로 쓰레기를 수출했던 우리나라는 갑자기 5000만 인구의 폐기물을 처리할 수 없는 상황에 놓였다. 그 때문이었는지, 국내 한 폐기물 처리 업체가 불법적으로 필리핀에 쓰레기를 수출하다 적발되어

6100톤의 쓰레기를 다시 한국으로 가져오는 부끄러운 상황이 발생하기도 했다.[14]

그 이후로 전국 곳곳에 쓰레기 산이 생겨났다. 2018년 12월에는 경북 의성의 쓰레기 산에서 화재가 발생했는데, 불이 며칠 동안 꺼지지 않았다. 이러한 사실이 CNN에 보도되면서 국제적으로 망신을 샀고, 사태가 이렇게 되기까지 쓰레기 산을 방치한 지방자치단체에 대한 시민들의 공분이 날로 커졌다.[15] 의성의 쓰레기 산은 당시 위성사진으로도 확인이 가능할 정도로 규모가 컸다. 약 2만 제곱미터로 축구장 세 개 정도의 면적이었고, 그 높이는 무려 23미터에 달했다.

중국의 쓰레기 수입 중단은 많은 선진국에 쓰레기 문제를 가져다주었는데, 갈 곳을 잃은 쓰레기를 당장 처리할 방도가 없는 우리나라에서 유독 시급한 문제로 부상했다. 우리는 그동안 너무 편하게 버렸던 쓰레기에 대해 재인식하기 시작했고, 재활용과 재사용을 위한 제도와 정책이 마련되기 시작했다. 2018년 제1차 자원순환 기본계획이 나오면서 생산-소비-관리-재생 단계별 세부 과제가 설정됐고 정책 추진 목표와 전략이 수립됐다. 이런 흐름 속에서 매장 내 일회용품 사용 규제가 생겼고 2008년 폐지되었던 일회용 컵 보증금 제도도 조금씩 살아나기 시작했다. 그러나 이러한 노력들이 일순간 수포로 돌아갔으니, 그 주된 원인은 다름 아닌 코로나19의 확산이었다.

주지하다시피 감염자에 대한 소식이 매일 보도되던 코로나19 사태 초기엔 일회용품 규제에 대해 목소리를 낼 수 있는 분위기가 아니었다. 감염 예방이 최우선적 과제였던 시기, 일회용품 규제와 다회용기 사용에 대한 정책이 쉽게 받아들여질 리 만무했다. 일회용품을 줄이고 다회용기를 사용하자는 외침은 사회적 소수인 환경단체에서나 나오는 잘 들리지 않는 작은 소리일 뿐이었다.

폐기물 종류별 일평균 발생량을 보면, 코로나19가 본격화된 2020년 전후로 폐기물 발생량이 급격하게 증가했다는 것을 알 수 있다. 2020년 생활계 폐기물 일평균 발생량은 전해보다 3600톤가량 증가했다. 이후로도 폐기물 발생량이 지속적으로 증가하는 추세를 보이고 있는데, 기존 규제 정책들마저 폐기되고 있어 정부가 증가한 폐기물을 다 어떻게 처리할 계획인지 의문이다.

2022년 4월 1일 정부는 매장 내 일회용품 사용을 다시 금지했지만, 계도기간의 연속으로 단속 없이 자율에 맡기는 상황이 지속되었다. 그 이후 정부는 자원순환기본법 시행규칙을 개정하면서 2022년 11월 24일을 기점으로 매장 내 일회용품 제한을 확대한다고 홍보했다. 물론 이 또한 1년의 계도기간이 있어 실질적 시행은 2023년 11월 24일부터였다. 제도가 본격적으로 시행되면 전국의 커피숍, 음식점 등에서 일회용 컵, 빨대 등의 플라스틱 제품의 사용이 금지되고, 편의점, 중소형 마트, 제과점 등에서 비닐봉지 제공 및 사용이 금지될 예정이었다. 일회용 응원용품도 규제 대상이었다.

그런데 2023년 11월 7일, 환경부가 이 모든 것을 철회했다. 환

단위: 톤/일

연도	2016	2017	2018	2019	2020	2021	2022
총계	429,128	429,531	446,102	497,238	534,055	540,781	510,842
생활계 폐기물	53,772	53,490	56,035	57,961	61,597	62,178	63,119
사업장 배출시설계 폐기물	162,129	164,874	167,727	202,619	220,951	232,603	222,086
건설 폐기물	199,444	196,262	206,951	221,102	236,183	229,618	208,721
지정 폐기물	13,783	14,905	15,389	15,556	15,324	16,381	16.915

폐기물 종류별 일평균 발생량[16]

경단체 소속 활동가로서는 정말 이해하기 힘든, 황당하고 당
혹스러운 결정이었다. 소상공인과 자영업자들을 위한 선택이
라는 환경부의 설명은, 거대한 쓰레기 산을 앞에 두고 잘 살아
보자는 얘기로 들렸다.

　이러한 환경정책의 역행이 단순 쓰레기 규제 부분에서만 일
어나고 있는 것이 아니다. 현 정부는 보호지역인 국립공원 내
공항 건설과 케이블카 설치를 두고 협의하고 있으며, 최소한의
보호 장치인 환경영향평가 권한을 지자체에 넘겨주며 규제를
완화했다. '4대강 재자연화'를 위해 전문가들이 수년간 수립해
두었던 국가물관리기본계획을 손바닥 뒤집듯 엎어버리기도
했다.

현재 대한민국의 환경정책은 역행이라는 거대한 흐름을 탔다고 해도 무방할 정도다. 오늘날 세계는 플라스틱 문제를 해결해 보겠다고 국제 플라스틱 협약을 준비하고 있다. 우리나라도 세계적인 흐름에 발맞춰 '플라스틱 오염 종식을 위한 우호국 연합HAC'에 가입한 상태다. 그런데 정작 국내 정책은 역행을 하고 있다. 달리 말하면, 대외적으로는 환경문제를 해결하겠다고 야심 차게 결의해 놓고 대내적으로는 반대되는 정책을 펼치는 이중적인 모습을 보여주고 있는 것이다.

앞뒤가 맞지 않는 정부 정책과 자아를 잃어버린 듯한 환경부의 결정을 바라보면 같은 극의 자석을 억지로 붙이려는 어리석음이 느껴진다. 해외에서 활동하는 동료들은 나를 만나면, HAC에 가입한 한국의 정책이 어째서 거꾸로 가고 있는지 의아해하며 묻는다. 나 또한 이해가 가지 않는다. 아니, 현 상황은 누구도 이해하기 힘들 것이다. 정부는 우리 시민이 정부의 모순된 정책을 바라보면서 어떤 생각을 하고 있는지 과연 알까? 그 전에, 거기에 관심은 갖고 있을까?

안타깝게도, 이런 환경정책 역행의 피해는 상대적으로 가난한 사람들에게 더 크게 돌아간다. 미국에서 세계 환경운동가를 대상으로 진행된 교육에 참여한 적이 있는데, 쓰레기 문제를 논의하면서 미국의 사례가 언급되었다. 미국은 대부분의 쓰레기를 매립하여 처리하고 있었다. 땅이 넓은 미국이라 가능한 쉽고 간단한 방식이었다. 그때 우리 측 참가자가 점점 증가하고 있는 그토록 많은 쓰레기가 다 어디로 가느냐고 질문하자,

교육을 하던 스탠퍼드대학교의 교수가 이렇게 답했다.

"가난한 사람이 사는 곳으로 간다."

실은 우리나라도 크게 다르지 않다. 현재 폐기물 처리장은 어디에 들어서고 있는가. 고형폐기물연료SRF 발전소가 도곡동 같은 지역에 세워질 가능성이 조금이라도 있는가. 애석하게도 쓰레기는 가진 사람이 살기 싫어하는 곳으로 모이고 있다.

물론 그렇다고 해도 머지않아 모든 시민에게 그 피해가 갈 것이다. 지금 당장 무언가를 바꾼다고 해도 현재의 아이들은 플라스틱으로 범벅이 된 사회에서 살아갈 것이다. 이것은 바꿀 수 없는 미래다.

후쿠시마 원전 오염수
해양투기

2024년 2월 28일, 일본이 후쿠시마 원자력발전소 오염수 4차 방류를 시작했다. 17일간 총 7800톤이라는 어마어마한 양이다. 일본은 앞서 2023년 8월 24일부터 9월 11일까지 7788톤, 2023년 10월 5일부터 23일까지 7810톤, 2023년 11월 2일부터 20일까지 7800톤, 세 차례 오염수를 방류했다. 이후로도 일본은 2024년 4월부터 2025년 3월까지 5만 4600톤의 오염수 방류를 계획하고 있는데,[17] 문제는 이것이 한두 해에 끝나는 것이 아니라 앞으로 30년간 지속될 예정이라는 점이다. 그런데 30년이란 길고 긴 세월도 일본이 대외적으로 발표한 기간일 뿐, 전문가들은 언제까지 방류가 지속될지 아무도 알 수 없다고 입을 모아 말하고 있다.

바다는 이미 기후변화로 인한 해수면과 수온 상승, 해양 산성화 등의 인류로서는 달갑지 않은 변화를 겪고 있다. 게다가 불법 어업과 혼획, 남획 등으로 생태계가 망가지고 있고 감당할 수 없을 정도로 많은 쓰레기가 버려지며 환경이 파괴되고 있다. 그런데 인류는 또, 처리할 방법조차 모르는 방사성물질을 바다에 투기하고 있는 것이다.

미국 하와이대학교의 로버트 리치몬드 박사는 CNA와의 인터뷰에서 다음과 같이 말했다.

해양오염, 남획, 기후변화 등으로 우리 바다는 이미 스트레스를 받고 있으며 바다에 의존하고 있는 사람들은 이미 그 영향을 느끼고 있습니다. 그리고 이제 우리는 바다에 또 하나의 새로운 스트레스를 주기 시작했습니다.[18]

지난해 5월에는 '후쿠시마 원전 오염수 해양투기 무엇이 문제인가'를 주제로 국회의원회관에서 토론회가 개최된 바 있는데, 토론회에서 첫 번째 발제를 맡은 아르준 마크히자니 미국 에너지환경연구소IEER 소장은 일본 정부의 발표를 신뢰할 수 없다고 주장했다.

일본 정부는 ALPS(다핵종제거설비)를 통해 관리하던 64개 방사성 핵종 중 9개 핵종에 대해서만 검사를 진행하겠다고 하는데, 표본 채취 수량도 매우 부족하다. 저장탱크 그룹당 30리터의 샘플을 단 1회 채취하는데, 저장된 탱크 중 20퍼센트 정도에서만 표본이 채취되는 것이다. 적은 오염수 샘플로는 오염수의 안전성을 증명할 수 없다.[19]

두 번째 발제를 맡은 숀 버니 그린피스 동아시아 원자력 수석 전문위원은 삼중수소Tritium의 위험성을 강조하면서 후쿠시마 원전의 폐로가 계획대로 될 가능성이 없음을 지적했다.

> 앞으로도 수백만 톤의 오염수가 무기한 방류될 것으로 추정된다. 일본 정부는 2050년까지 폐로한다는 방침이지만 이번 세기 내에 폐로가 완료될 것이라는 전망은 없다. 오염수 방류도 지속될 것이다.[20]

아르준 마크히자니와 숀 버니뿐 아니라 많은 과학자들이 후쿠시마 원자력발전소 오염수 방류를 반대하고 있지만 현재 상황은 순전히 일본 정부의 선의에 기댈 수밖에 없는 상황이다.

오염수가 방류되던 2023년 8월, AP통신은 뉴욕주의 주지사 캐슬린 호컬이 허드슨강에 방사성 액체폐기물 방류를 금지하는 '세이브더허드슨' 법안에 서명했다는 소식을 전했다.[21] 국제원자력기구IAEA와 더불어 후쿠시마 원자력발전소 오염수 방류를 지지하던 미국이 자국 내에선 냉각수 방류조차 허가하지 않겠다는 태도를 보인 것이다. 너무나 아이러니했다.

이 기사를 접하고 해양 문제를 알리기 위해 캐나다에서 활동하고 있는 지인에게 현지 분위기를 물어봤는데, "미국과 캐나다 사람들은 일본 후쿠시마 오염수 방류에 대해 관심이 없고, 언론에서도 크게 언급하지 않아 모르는 사람이 많다"라는 회신이 돌아왔다. 연료봉에 닿지 않는 냉각수조차 강에 함부로 버리지 않겠다는 그들이 이 문제에는 왜 이렇게 관심이 없는지 미스터리다.

다수의 언론이 다핵종제거설비가 방사선 핵종을 얼마나 걸러주는지에 초점을 맞추고 인간의 기준으로만 논했다. 심지어 특정 정당에선 핵 오염수가 다핵종제거설비를 거치면 음용 기준에 부합하기 때문에 마셔도 괜찮다고 주장하는 교수를 초청해 강연까지 열었다.

그러나 정작 원자력안전위원회는 정부 브리핑을 통해 다핵종제거설비에도 한계가 있어 모든 방사성물질이 걸러진다고 보장할 수 없다고 밝혔다.[22] 애석하게도 원자력발전소에서 나오는 방사성물질은 너무 많고 반감기도 제각기 다르기 때문에 현재 기술로 얼마나 통제할 수 있는지 그 어떤 과학자도 알 수 없는 상태다.

플랑크톤부터 저서생물을 비롯해 크고 작은 해양생물들이 해양생태계를 구성하고 있다. 생태계 붕괴는 인간 개개인의 삶보다 긴 기간에 걸쳐 벌어지기 때문에 지금 당장 그 피해를 구체적으로 예측하는 것도 사실상 불가능에 가깝다.

후쿠시마 오염수가 방류되기 전 오염수 처리를 위한 다양한 제안이 나왔다. 다핵종제거설비를 거친 오염수를 콘크리트로 굳혀 방파제 등과 같은 설비로 이용하자는 제안도 있었고 오염수를 육상에 보관하는 방법, 대형 탱크를 건설해 콘크리트와 섞어 고형화해 보관하는 방법도 논의되었다. 그러나 일본 정부는 오염수 방류를 강행했다. 결국 가장 저렴한 방법을 택했다고 볼 수 있다.

오염수 방류를 강행하고 있는 현재, 여전히 연료봉에 접근조차 할 수 없는 상황이다. 게다가 고농축 방사성 슬러지 처리 문제 등 일본 정부가 해결해야 할 다양한 문제가 쌓여 있다.

무척이나 더웠던 지난해 여름, 환경운동연합을 비롯한 많은 환경단체가 광화문에 모여 일본 정부에 후쿠시마 오염수 방류 중단을 요구하고 강력히 항의할 것을 시민의 이름으로 촉구했다. 하지만 상황은 반대로 흘러갔다. 당시 많은 시민이 품었던 오염수 방류에 대한 깊은 우려와 걱정들은 괴담으로 치부됐다. 또 후쿠시마 오염수 문제가 국내에서 대통령과 거대 양당의 정쟁으로 이용되면서, 가장 중요한 해양생태계가 받을 영향에 대한 문제는 제대로 주목받지도 못했다.

지금도 원자력발전소 연료봉에 직접 닿은 오염수가 바다에 쏟아지고 있다.

월정리 해수욕장 근처에 쌓인 쓰레기들

쓰레기로 앓고 있는
우리나라 최대 관광지

최근 많은 환경단체가 제주도에 자리를 잡기 시작했다. 해안에서 활동하는 플로깅 단체뿐 아니라 바다에 침적된 폐기물을 건져내며 플로빙*을 하는 단체가 특히 많아졌다. 이 지면을 빌려 순수한 마음으로 모여 해양폐기물을 치우고 있는 모든 시민, 활동가분들께 감사의 마음을 전한다.

　제주도를 찾는 사람들이 급증함에 따라 제주도에 쌓이는 쓰레기의 양도 급증하기 시작했다. 한 사람이 하루에 만들어내는 생활 쓰레기의 양이 전국 평균 0.87킬로그램일 때, 제주만

---

* 다이빙을 하면서 쓰레기를 줍는 활동.

유독 1.67킬로그램이라는 높은 수치를 기록했다.[23] 보도에 따르면 제주도에서 발생하고 있는 쓰레기의 무려 40퍼센트가 관광객에 의해 발생하는 쓰레기라고 한다.[24]

2019년 8월 말 아침 방문한 월정리엔 이미 꽤 많은 관광객이 물놀이를 하고 있었다. 휴가철이 끝나가는 무렵이었고, 아직 점심이 되지 않아 사람이 아주 많진 않았지만, 상가 주변에 쌓인 일회용 컵과 빈 생수병을 보니 지난 며칠간 얼마나 많은 사람이 다녀갔는지 추측할 수 있었다. 무더운 여름, 아이스 아메리카노를 마시며 푸르고 아름다운 하늘과 바다를 감상했을 사람들이 남긴 흔적은 그렇게 아름답지 않았다.

빈 생수병과 다양한 일회용품이 만든 탑은 바람 많은 제주에서 위태롭게 흔들리고 있었고, 일부 플라스틱 컵이 땅에 나뒹굴고 있었다. 최근 시민의식이 많이 높아져 길거리에 아무렇게나 쓰레기를 버리는 사람이 줄어든 건 사실이다. 그래도 아름다운 현무암 사이에 누군가 묘기처럼 세워놓거나 꽂아놓은 플라스틱 쓰레기들은 쉽게 발견되었다. 그나마 지자체에서 관리를 하고 있는 유명한 해수욕장조차도 그 정도였다.

해양 서포터즈와 함께 월정리 해변에서 쓰레기를 줍는데, 생각지 못했던 쓰레기를 마주했다. 어릴 적 학교 앞 문구점에서 팔던 곤충 채집함과 비슷하게 생긴 빨간색의 플라스틱 상자였다. 자세히 살펴보니 해양생물을 유인하는 먹이를 담아놓는 미끼통이었다. 미끼통은 해변 위에서 햇볕에 바짝 말라가며 밝은 베이지색으로 변해가고 있었다.

그 외에도 인상 깊게 남은 쓰레기는 해류를 따라 아주 먼 길을 항해해 온 해외 쓰레기였다. 가장 멀리서 온 쓰레기는 하와이에서 사용한 것으로 추정되는 부표였다. 부표에 아주 선명하게 'HAWAII OCEAN'이라고 적혀 있던 것이 잊히지 않는다.

제주도에서 하와이까지 거리는 약 7400킬로미터이다. 일본을 우회해서 제주도에 도착했다면 그 하와이 부표는 7800킬로미터 이상을 항해했을 것이다. 거친 파도에 깨져 바닷속에 가라앉아 수백 년 동안 미세플라스틱으로 변해가는 대신, 이렇게 제주에서 폐기물로 생을 마감한 것이 차라리 다행일지도 모르겠다는 생각이 들었다.

대만 최남단 도시 핑둥Pingtung, 屏東과 중국에서 생산된 생수병, 뜸*과 같은 쓰레기도 발견했다. 중국에서 온 생수병과 뜸의 표면엔 따개비가 많이 붙어 있어 긴 시간에 걸쳐 제주까지 왔음을 추측할 수 있었다.

유명 연예인이 거주하면서 더욱 유명세를 타게 된 애월에는 화강암으로 이루어진 해안이 있다. 애월해안로를 따라가다 애월 어촌계 쪽으로 들어가면 제주특별자치도 기념물 제49-4호로 지정된 애월환해장성**의 표지판이 나온다. 이 주변은 모래가 아닌 화강암으로 이루어져 있는데, 이처럼 돌로 이루어진

---

* 물에 띄워서 그물 따위의 어구를 위쪽으로 뜨게 만드는 물건. 반대로 어구를 가라앉게 하는 봉돌은 '발돌'이라 한다.

** 배를 타고 들어오는 외적의 침입을 막기 위해 해안선을 따라가며 쌓은 성.

하와이에서 온 것으로 추정되는 부표.

해안은 험해서 다칠 위험이 많기 때문에 비교적 관광객들이
잘 찾지 않는다.

그래서인지 애월환해장성 주변에는 관광객이 남긴 쓰레기
가 현저히 적었다. 다만 대나무 깃대가 꽂혀 있는 부표가 꽤 발
견되었다. 나중에 어구를 쉽게 찾기 위해 커다란 스티로폼 중
간에 깃대를 꽂아 만든 것인데, 어구를 일정 시간 바닷속에 넣
어 놓고 해양생물이 걸리면 끌어 올리는 어업에 사용하는 부
표다. 이 부표가 유실되어 이렇게 해안으로 왔다는 것은 어구
또한 유실되었을 가능성이 크다는 것을 시사한다. 어민의 입
장에서는 어구와 함께 잡은 해양생물을 모두 잃은 것이기 때
문에 경제적 손해가 크겠지만, 해양 보전 활동을 하는 나로서

는 '또 얼마나 긴 그물이 바다에 가라앉아 유령 어업을 하고 있을까?'라는 안타까운 생각이 들 수밖에 없다.

애월환해장성 주변에서 평소에 눈에 띄지 않던 새로운 폐기물도 찾았다. 척 보면 부표 같았는데, 일반적으로 어업에 사용하는 부표와 물성이 많이 달랐다. 길이가 90센티미터 정도 되었고 반투명색의 튼튼하고 탄력 있는 재질로 만들어진 꽤 질이 좋은 도구였다. 처음엔 어디에 쓰는 물건인지 파악을 하지 못했는데, 나중에 서울에 올라와 조사해 보니 '펜더Fender'로 추정할 수 있었다.

펜더는 선박이 항구에 정박할 때 계류장이나 옆 선박과 부딪혀 손상을 입는 걸 방지하기 위해 사용하는 완충 도구이다. 자동차로 따지면 범퍼의 역할을 하는 셈인데, 움직임을 통제할 수 있는 자동차와 달리 파도와 바람으로 흔들리는 배는 완벽하게 움직임을 통제하는 것이 불가능하기 때문에 정박할 때 꼭 필요한 도구이다. 그런데 펜더가 어떻게 이런 장소까지 오게 된 것인지는 알 길이 없었다.

2022년 12월 17일, 환경운동연합은 제주에서 해양폐기물 근절을 위한 간담회를 진행했다. 당시 시민단체에서 공통적으로 나온 목소리는 해양쓰레기 재활용을 위한 탈염 시설이 부족하다는 것이었다. 해양쓰레기는 그대로 육지에 쌓아놓으면 비린내와 썩은 내가 심하게 나서 민원이 상당할뿐더러 꼼꼼하게 씻어내지 않으면 재활용을 할 수 없다. 그런데도 소금기가 많은 해양폐기물을 적재하고 재활용하기 위해 씻어내는 시설이 턱없이 부족했다.

　제주도가 이미 관광객과 거주민이 배출하는 쓰레기로 포화 상태인지라, 지자체는 해양쓰레기를 처리할 여력이 없다는 데 시민단체들이 입을 모았다. 증가하는 쓰레기 처리를 고민하지 않고 계속해서 더 많은 관광객만 받으려는 정책을 펼친 지자체의 과오가 낳은 결과였다. 현장에서 환경을 지키기 위한 다양한 방안이 나오고는 있다. 그런데 그런 방안을 실현시킬 시설과 인력이 부족하다는 것도 우리 앞에 놓인 과제다.

바다로 가는
담배꽁초

오션 컨저번시Ocean Conservancy라는 국제 민간 환경단체에서는 매년 해양폐기물에 대한 조사 보고서를 내놓고 있다. 이 보고 서는 수거된 쓰레기의 수로 순위를 매기는데, 매년 1위를 차지 하는 쓰레기가 있으니 바로 담배꽁초다. 2020년 환경운동연합 에서도 한 달간 전국 열네 곳의 해안가에서 쓰레기를 수거하 여 분석했는데, 가장 많이 발견된 쓰레기는 역시나 담배꽁초였 다.[25]

사실 버려지는 담배꽁초의 심각성은 바다보다 육지에서 절 감할 수 있다. 하수구 빗물받이, 특히 상업 시설이 많은 도시의 하수구 빗물받이에 가득히 쌓인 담배꽁초를 본 경험이 누구

2022년 수거된 해양쓰레기 TOP 10 [26]	
① 담배꽁초	1,860,651개
② 플라스틱 음료수병	1,175,045개
③ 사탕, 과자 등의 음식물 포장지	998,661개
④ 플라스틱 병뚜껑	844,375개
⑤ 비닐봉투	622,780개
⑥ 기타 플라스틱 재질 봉투	567,763개
⑦ 스티로폼 용기	463,269개
⑧ 플라스틱 용기	425,637개
⑨ 종이로 된 컵과 접시	423,551개
⑩ 플라스틱 빨대	406,557개

나 있을 것이다. 그 하수도가 결국 바다와 연결되니, 지금 얼마나 많은 담배꽁초가 바다로 흘러들고 있는지 짐작할 수 있을 것이다.

최근 흡연 관련 에티켓이 강조되고 있고 시민의식도 높아지면서 길에서 흡연하는 사람이 눈에 띄게 줄었다. 자연스럽게 해변이나 바다에서 흡연하는 사람도 상당히 줄었다. 그럼에도 불구하고 여전히 우리나라 하수구로 많은 담배꽁초가 유입되고 있고, 그것이 하수처리장을 거쳐 강과 하천으로, 종내 바다로 흘러가고 있다.

2018년 오션 컨저번시의 보고서를 통해 담배꽁초 문제를 인식한 이후, 이 문제를 좀 더 널리 알리면서 플로깅을 준비했다. 시민들과 직접 소통하며 우리가 버리는 생활 쓰레기가 바다로 흘러 들어가고 있음을 알릴 필요가 있었다.

　동료들과 환경운동연합 사무실이 있는 종로 서촌부터 한강, 올림픽공원, 성수동 등 다양한 곳에서 플로깅을 진행했는데, 예상했던 대로 어디서든 담배꽁초를 발견할 수 있었다. 그래도 한강은 상대적으로 관리가 잘되고 있었다. 문제는 관리의 주체가 애매한 장소였다.

　환경운동연합 사무실은 주변으로 학교가 많은데도 관광차 사람들이 많이 찾는 서촌이라 주류를 판매하는 식당이 많다. 그 탓인지 골목마다 담배꽁초가 버려져 있었다. 문제는 이렇게 가볍게 버려지는 담배꽁초의 수가 너무 많다는 것이다. 지자체에서 처리할 수 없는 양의 담배꽁초가 아무렇게나 버려지다 보니, 환경부는 2019년부터 2020년까지 담배꽁초 관리 체계 마련 연구 용역을 마친 뒤 보고서를 발표했다. 담배꽁초 수거와 처리 시스템이 구축돼 있지 않기 때문에 진행한 연구였는데, 우수관 및 하수관을 통해 담배꽁초가 최종적으로 해양으로 유입된다고 기술해 놨다. 보고서에 따르면 2019년 우리나라에서 판매된 담배는 총 34.5억 갑이다. 약 1100만 명의 흡연 인구가 연간 약 313갑씩 구매하고 있는 것이다. 그런데 이것도 담뱃값 인상 전인 2014년도와 비교했을 때 20.9퍼센트가 감소한 수치라는 설명이 따랐다.[27] 역시 보고서에서 눈여겨볼 만한 데이터는 길거리에 버려지는 담배꽁초의 양이었다. 하루에 약

1246만 개의 꽁초가 바닥에 버려지고 있었고, 이는 담배 전체 생산량의 7.25퍼센트였다.[28]

이미 수많은 언론에서 보도된 바 있는데, 담배꽁초는 미세 플라스틱을 함유하고 있다. 담배꽁초에는 약 0.3그램의 플라스틱이 들어 있는데, 담배꽁초의 무단 투기량과 해양 유입량을 계산하여 하루에 140~700킬로그램의 플라스틱이 바다로 흘러가고 있다는 사실이 도출됐다.[29] 1년으로 계산하면 51.1~255.5톤에 달한다.

몇 해 전 환경운동연합에서 인턴으로 활동한 한 활동가가 '바다의 시작'이라는 캠페인을 진행해 보고 싶다고 제안했다. 하수도를 통해 바다로 흘러 들어가는 담배꽁초를 줄이기 위한 캠페인이었다.

'대학로'로 유명한 종로 혜화동은 많은 사람이 모이는 곳이다. 동시에 항상 담배꽁초가 하수구에 많이 쌓여 있기로 유명한 곳이기도 하다. 혜화동의 하수구 빗물받이는 담배꽁초 통인지 하수구 빗물받이인지 헷갈릴 만큼 상태가 심각했다. 그래서 '바다의 시작' 캠페인은 혜화동에서 시작되었다.

캠페인 첫날, 혜화동은 전날 내린 눈이 소복하게 쌓인 상태였다. 우리는 혜화동에 도착해 눈을 치우고 갈라진 아스팔트 사이 흙을 털어냈다. 그렇게 바닥을 깨끗하게 만들고 그 위에 그림을 그렸다.

이러한 캠페인은 지자체의 협조를 구해야 하기 때문에 진행하는 것이 쉽지 않다. 교통과, 하수과, 보건과 등 다양한 부서가

'바다의 시작' 캠페인.

총대를 메고 나서줘야 하기 때문이다. 종로구와는 다행히 소통이 원활하게 되어 보건과와 함께 무사히 캠페인을 진행할 수 있었다. 개인적으로는 하수구 안을 자세히 살펴볼 수 있는 기회를 제공해 준 소중한 캠페인이었는데, 이 캠페인이 끝나고 다양한 단체에서 연락이 왔고 지금도 다양한 곳에서 '바다의 시작' 캠페인이 진행되고 있다. 참고로 이 캠페인을 주도한 긍정적이고 적극적인 활동가는 현재 국제 환경단체에서 어엿한 캠페이너로 활동하고 있다.

담배꽁초가 바다로 유입되는 것을 막을 수 있는 수단은 현재로선 사실상 없다. 담배 판매를 금지하지 않는 이상 말이다. 그저 개인의 선의에 기댈 수밖에 없는 상황이다. 환경부의 담배꽁초 관리 체계 마련 연구 보고서 역시 시민의 인식 개선을 담배꽁초 투기 방지 방법의 하나로 잡았을 정도다.

그러므로 생산자가 생산뿐 아니라 수거와 회수 그리고 폐기에 대한 시스템을 구축할 필요가 있다. 정부 역시 생산자재활용책임제도 등을 통해 기업이 재활용과 폐기에도 책무를 다할 수 있도록 노력해야 한다.

양식장에 대한
불편한 사실

제5차 양식산업 발전 기본계획에 따르면 우리나라 정부에 등록된 전국 양식장은 총 2만 6018개소다. 이중 바다 위에서 하는 해상 양식이 1만 46건, 육지에서 바닷물을 끌어서 하는 육상 해수 양식은 4732건 그리고 내수면 양식이 1만 1240건이다.[30] 그런데 현재 양식장의 위치와 규모에 대한 정부의 데이터와 위성으로 파악한 양식장 데이터 간에 차이가 존재한다. 정부 부처에선 양식 허가 권한은 지자체에 있는 데다 지자체에서 중앙정부로 데이터가 오는 데 시간차가 있기 때문에 차이가 있을 수 있다고 설명한다. 하지만 현장에서 활동하는 전문가들은 입을 모아 많은 양식업자가 허가된 면적 이상으로 양식장을 운영하고 있다고 주장하고 있다.

2023년 해양수산부는 불법적인 양식을 막기 위해 「2023/ 2024년도 면허양식장이용개발계획 기본지침」을 배포한 바 있다. 그 기본지침 제3조 1항 12엔 "시·도지사는 양식장 관리를 위해 불법 양식장 정비에 대한 정비 계획을 매년 2월까지 수립하고, 분기별 이행실적을 익월 10일까지 해양수산부장관에게 보고해야 한다"[31]라는 내용이 담겼는데, 이미 허가된 면적 이상으로 양식을 하는 업자들이 수두룩한 것으로 추정되고 있는 지금 단순히 저 지침만으로 제대로 된 통제가 이루어질 수 있을지 의문이 든다.

그동안 해양생태계 보전을 위해 여러 활동을 해오면서 양식장에 대한 문제의식을 갖지 않을 수 없었다. 그럼에도 연근해에서 자행되고 있는 불법 어업을 근절하고 어업의 투명성과 추적성 향상을 위해서 해야 할 일이 너무 많았기 때문에 양식장에서 발생하고 있는 문제는 항상 마음 한편에 짐처럼 계속 담아만 두고 있었다. 또한 워낙 열악한 환경에서 일하고 있는 어민들이 많다는 걸 알기 때문에 더욱 조심스러울 수밖에 없었다.

그러던 나에게 2022년 한 통의 제보 전화가 왔다. 어촌이 워낙 폐쇄적인 공간이다 보니, 제보자는 자신의 신분이 노출될 것을 매우 걱정하며 입을 열었다. 그는 서해 중부 지역에서 김양식장을 운영하는 어민이었는데, 주변의 다른 어민들이 김양식장에 너무 많은 염산을 뿌리고 있다고 폭로했다. 그들 모

신안 김 양식장.

두 아는 사람이기 때문에 그동안 아무 말 하지 않고 있었는데, 요 몇 년 바다 환경이 황폐해지는 것을 목격하고는 더는 안 되 겠다 싶어 환경운동연합에 연락을 한 것이다.

김 양식은 양식용 그물을 물 위에 띄우는 부유식과 갯벌에 고정하는 지주식이 있다. 김 포자를 그물에 붙여 바다에 설치

서천의 습지보호구역 인근에서 발견한 염산 통.

하면 김 포자가 바다에서 영양을 섭취하며 번식한다. 염산은
이 과정에서 플랑크톤의 일종인 규조류가 그물에 붙어 김이
섭취할 영양분을 뺏어 가는 것을 막고 이물질을 제거하기 위
해 사용한다. 그러나 유해화학물질인 염산은 물에 분해되지
않아 해양생태계 먹이사슬에 큰 피해를 준다. 게다가 인간이
섭취하게 되면 배출되지 않고 체내에 축적되며 각종 질병을 유
발한다. 그래서 김 양식장에서 염산 같은 무기산의 사용을 금
지하고 있는 것이다.

김 양식에 염산 사용이 금지된 것은 1994년의 일이다. 양식업자들이 금속을 세척하고 남은 폐염산을 김 양식에 사용하면서 문제가 발생하자, 30년 전 정부에서 김 양식장에서의 유해화학물질인 무기산 사용을 금지했다. 그 이후 산도 9.5퍼센트 수준의 유기산 김 활성 처리제 사용만 허용하고 있는데, 다수의 김 양식업자들이 저렴하고 효과가 좋은 고농도 공업용 염산을 계속 사용해 온 것이다. 실은, 김 양식장에서 염산을 쓰고 있다는 얘기를 들은 것이 이때가 처음이 아니었다.

염산 사용은 이주노동자의 건강에도 악영향을 끼친다. 현재 우리나라 어촌은 이주노동자의 손이 없으면 어업활동이 불가능할 정도로 이주노동자의 노동이 절실한 상황인데, 김 양식장에서 일하는 이주노동자들이 마스크 한 장 쓰지 않고 위험하게 염산을 뿌리고 있는 것이 작금의 현실이다.

김 양식장에 관심을 두고 있던 기자도 있어서 공론화하기 좋은 상황이었다. 그러나 제보자의 마음은 달랐다. 그는 자신의 제보가 이 문제를 완전히 뿌리 뽑는 데 활용되는 것이 아니라 단순히 언론에서 반짝하고 사라지는 이슈로 다뤄진다면 협조하기 힘들다는 견해를 강력히 피력했다. 나는 이 문제가 국정감사에서 다뤄질 수 있도록 준비하겠다는 마음을 먹었지만, 제보자에게 이 문제를 완전히 해결하겠다고 자신 있게 약속하지는 못했다.

한편 남해에는 패류 양식장이 많은데, 그곳에는 또 다른 문제가 있다. 바로 '양식장 자가오염'이다. 장기간에 걸친 반복적인 양식으로 인해 패류의 배설물이 침적되면서 수질이 오염되고 해양생태계가 망가지고 있는 것이다. 이에 따라 2016년에 굴과 굴의 배설물을 먹는 해삼을 함께 양식하는 혼합양식 개발 사업이 진행되었는데 그 결과에 대한 자료를 찾아보기 어려워 아쉽다.

어장관리법 시행령에 따르면, 동일한 어장에서 양식을 하는 경우 양식 품종과 환경, 방식에 따라 3~5년에 한 번씩 어장 청소를 해야 한다. 어장 청소를 하려면 잠수 장비나 인양선 등이 필요하다. 그러니까, 어장 청소는 양식업자 입장에서 비용을 지출해야 하는 번거로운 일이라는 것이다. 그래도 그것을 제외하면 큰 문제는 없어 보인다. 하지만 언제나 악마는 '디테일'에 있는 법이다. 아래는 어장관리법 시행령 제12조(어장청소 등) 4항이다.

④ 제3항에 따라 어장청소계획을 제출받은 해당 시장·군수·구청장은 소속 공무원으로 하여금 어장청소의 실시여부 등을 확인하게 하여야 한다. 다만, 시장·군수·구청장은 해당 어업인이 어장청소사진과 폐기물처리증명서 등으로 증명하는 경우에는 어장청소의 실시여부 등을 확인하지 않을 수 있다.

첫째, 양식장 어장 청소 실시 여부 확인을 지자체 공무원이 해야 하는데, 한 다리만 건너면 모두 아는 사이인 지역사회에서 투명하게 일 처리가 될지 의심하지 않을 수 없다. 실제로 양식장 주변 폐기물을 끌어 올리는 현장에 간 적이 있는데, 그곳에서 "공무원이 나와서 점검을 하는데, 다 아는 사인데 제대로 하겠습니까?"라는 말을 내 두 귀로 직접 들었다.

둘째, 어장 청소 사진과 폐기물 처리 증명서로 증명하는 경우 어장 청소 실시 여부를 확인하지 않을 수 있다는 내용이 있는데, 침적된 배설물의 양이나 폐기물의 양을 정확히 파악할 수 없는 상황이므로 대충 치우고 증명서를 발급받는다 하더라도 어쩔 도리가 없다. 애초에 물 먹은 폐기물을 끌어 올리는 일은 크레인이 있다고 해도 결코 쉬운 일이 아니다. 나 또한 폐기물 무게에 줄이 끊어져 큰 사고로 이어질 뻔한 경험이 있다. 그런 만큼 좀 더 실효성 있는 방안이 필요한 상황이다.

최근 패류가 탄소흡수원의 하나로 각광을 받고 있긴 하지만, 과도하게 높은 밀도의 양식은 해양생태계에 여러 문제를 낳는다. 아래는 국립수산과학원의 조윤식 박사가 2010년에 쓴 논문 중 일부이다.

거제한산만 굴 양식장의 2008년 예상 생산량은 4,935M/T (굴수하식수협, 2008), 이를 기준으로 계산된 FP 값은 0.203으로서, 현 시설량을 기준으로 한 이론적인 최대 생산량을 FP 값 1로 보면 거제한산만의 대상해역에서 24,311M/T까지 생산가능하고, ecological carrying capacity 를 만족하는 FP 값 0.102를 적용하면 2,480M/T이었다.

즉, 현 거제한산만의 예상 생산량은 ecological carrying capacity를 초과하여 생태계에 어떠한 부하나 변화를 초래할 수 있는 상태이고, 생태계에 부하를 주지 않기 위해서는 현 예상 생산량의 49.8%를 저감 생산하여야 한다고 제안할 수 있다.[32]

논문은 거제 한산만 굴 양식장의 생산량을 예로 들며, 생태계에 부하를 주지 않기 위해서 49.8퍼센트를 저감 생산해야 한다고 주장하고 있다. 그런데 굴 연간 생산량은 논문이 나온 2010년 26만 7000톤에서 2020년 30만 톤으로 오히려 12퍼센트가량 늘어났다.[33]

 마지막으로 언급하고 싶은 것은 어류 양식장에서 나오는 폐수다. 양식장은 기본적으로 세균이나 바이러스가 번식하기 매우 쉬운 환경이다. 그래서 많은 양식장에서 다량의 항생제와 수산물 구충제라고 불리는 포르말린을 사용하고 있다. 그런데도 질병이 확산되면 광어의 경우 폐사율이 무려 30~50퍼센트에 달한다.[34]

 이런 질병의 원인 중 하나가 바로 양식장에서 사용하는 어류의 사체, 생사료다. 이미 생사료가 균에 감염된 경우가 적지 않기 때문이다. 게다가 생사료는 물에 쉽게 풀어져 부영양화를 촉진하고, 유실되어 부패하기가 쉬워 해양환경 악화를 유발하여 또 하나의 양식장 자가오염 원인이 되고 있다.[35] 연근해 어업 생산량이 축소되어 위기의식이 고조되고 있는 가운데, 2018년 10월 양식장 내 생사료 사용량이 49만 톤으로 추정된다는 한국해양수산개발원의 보고서가 나왔다. 연구진들은 그중 38만 9000톤이 국내산 어린 물고기와 작은 물고기일 것이라 추정했다.[36] 생사료는 이처럼 몇 가지 문제를 갖고 있는데, 어린 물고기 남획 문제는 2부에서 다루기로 하고 여기선 폐수에 대한 문제에 집중하려 한다.

생사료 사용으로 질병이 발생하면 수질이 더욱 나빠지고 양식 환경도 악화된다. 그러면 결국 수산용 구충제인 포르말린을 사용하게 되는데, 그렇게 약품과 생사료 찌꺼기로 오염된 폐수가 만들어진다. 그리고 그 폐수는 다시 바다로 흘러 들어간다.

그런데 문제는, 단순히 오염된 양식장 폐수가 바다로 나가 해양생태계에 악영향을 끼치는 것에서 그치지 않는다. 양식장은 바다에서 물을 끌어오는데, 당연히 멀리서 끌어올수록 드는 비용이 커진다. 그래서 최대한 가까운 곳에서 물을 끌어올 수밖에 없는데, 이때 양식장에서 버린 물로 인해 오염된 인근 바닷물이 다시 양식장으로 들어오게 되는 것이다. 그러면 또다시 질병이 확산되며 악순환이 생긴다는 것이 현장의 목소리다.

언젠가 제주도 광어 양식장을 방문한 적이 있는데, 오수가 바다로 빠져나가고 있는데도 침전조를 제외한 정화시설은 보이지 않았다. 그래서 주변에서 침전조만 한참 지켜봤는데 침전조 안에 병든 광어가 꽤 많았다. 양식장 광어인 것을 모르는지 그 침전조에서 커다란 광어를 잡아 신나게 돌아가는 낚시꾼도 있었다. 또 병든 광어를 잡아 검은 봉지에 넣어 들고 가

(위)양식장에서 폐사해 제주 행원육상양식단지 침전조로 떠내려온 광어들.
(아래)서산 가로림만 인근 새우 양식장에서 쏟아져 나오는 폐수.

는 사람도 있었다.

흰다리새우 양식장도 사정이 비슷하다. 흰다리새우는 논처럼 생긴 공간에서 양식되는데, 개방된 공간이라 수질관리가 쉽지 않고 세균 감염률이 높다. 가로림만에 갔을 때 흰다리새우 양식장에도 방문을 했는데, 양식장 끝에서 누런 물이 거품을 내며 쏟아지고 있었다. 그 물길은 바다로 연결됐다.

2022년, 연근해 어획량은 88만 톤을 기록한 데 비해 양식 생산량은 226만 톤을 기록했다. 연근해 어획량이 점점 줄어들수록 우리는 더욱 양식에 기대게 될 것이다. 화학물질, 사료, 폐수, 그 밖에도 양식장과 관련된 문제는 수도 없이 많다. 그렇기에 어느 하나 외면할 수 없는 것이다. 우리의 바다를 지키기 위해선 꾸준한 관심이 필요하다.

2부

사그라드는
생명

불법·비보고·비규제 어업에 대하여

오늘날 해양생태계가 당면한 첫 번째 재앙은 기후 위기다. 급격한 기후변화로 인해 바다의 수온이 올라가고 해수면이 상승하고 있다. 우리 해역에서 열대지방에서 사는 해양생물들이 발견되고 있는 것도 어제오늘 일이 아니다.

바다는 주요 탄소흡수원으로, 현재 배출되고 있는 탄소의 31퍼센트가량을 흡수하고 있는 것으로 추정하고 있다.[1] 그러나 언제까지 바다가 지금처럼 인간이 만들어내고 있는 과도한 탄소를 흡수해 줄지 모를 일이다. 또한 해양의 이산화탄소 흡수는 해양 산성화를 불러오고 이는 해양생물에게 지대한 영향을 준다. 미국 어류 및 야생동물 관리국USFWS의 존 기노트

박사는 「해양생태계를 위협하는 산성화The Threat of Acidification to Ocean Ecosystems」라는 논문에서 다음과 같은 내용을 발표한 바 있다.

> 현재 대기 중의 이산화탄소 농도는 383ppm(ppmv)이며 21세기 내내 매년 0.5퍼센트씩 증가할 것으로 예상되는데, 이는 지난 65만 년 동안 증가했던 것보다 100배 빠른 속도다. … 이러한 대기 중 이산화탄소의 증가는 해수 산성도의 증가를 초래했다. … 과도한 대기 중 이산화탄소의 흡수는 해양의 탄산염 체계에 영향을 미쳐 해양생물이 석회화하는 데 큰 영향을 준다. … 해양 산성화는 궁극적으로 해양 생태계의 먹이사슬과 생물다양성에 심각한 영향을 끼치게 될 것이다.[2]

결국 해양의 산성화가 해양생물은 물론 인간의 식생활에도 영향을 끼칠 것이라는 내용이다.

해양생태계가 당면한 두 번째 재앙은 이번 장에서 핵심적으로 다룰 '어업', 구체적으로 말하면 남획과 혼획을 비롯한 '불법Illegal·비보고Unreported·비규제Unregulated(이하 IUU) 어업'이다. 먼저, 남획이란 생물의 지속성을 붕괴하는 수준으로 많이 잡는 것을 말하고, 혼획은 잡으려고 하는 물고기(목적 어종)와 함께 다른 종의 물고기까지 잡는 것을 말한다. IUU 어업은 그 유형이 다양한데, 정리하자면 다음과 같다.

불법 어업

◦ 국가의 허가 없이 또는 그 국가의 법률과 규정을 위반하면서 해당 국가의 관할 수역에서 어업활동을 하는 것.

◦ 지역수산관리기구* 당사국 국적으로 어업활동을 하면서 지역수산관리기구가 정한 보존 관리 조치나 적용 가능한 국제법 관련 규정을 위반한 경우.

◦ 지역수산관리기구 협력국이 약속한 의무를 포함한 국제적 의무를 위반한 어업활동.

비보고 어업

◦ 국가의 법률과 규정을 위반하고도 관련국에 보고하지 않거나 잘못 보고된 어업활동.

◦ 지역수산관리기구의 관할 수역에서 기구가 정한 보고 절차를 위반한 채 어업활동을 한 경우.

비규제 어업

◦ 지역수산관리기구의 수역에서 무국적 어선에 의해 행해지는 어업활동.

◦ 지역수산관리기구에 소속되지 않은 국가의 국기를 게양한 어선이 지역수산관리기구 수역에서 조업하는 경우.

---

* 정해진 지역의 수산자원 보존과 지속적인 이용을 위해 설립된 국제기구RFMO. 우리나라가 가입한 지역수산기구로는 남극해양생물자원보존위원회CCAMLR, 남방참다랑어보존위원회CCSBT, 인도양참치위원회IOTC, 대서양참치보존위원회ICCAT, 북대서양수산기구NAFO 등이 있다.

∘ 보존 관리 조치가 적용되지 않는 수역이나 특정 기구의 관할 수역이 아닌 곳에서 이루어지는 어업활동 중 국제법상 해양자원 보전에 대한 국가의 책임을 위반하며 진행하는 어업활동.

IUU 어업에 대한 국제적 논의의 시작은, 지속 가능한 어업을 위한 '책임 있는 어업'이라는 새로운 개념이 제시된, 1991년 4월에 열린 유엔식량농업기구FAO 수산위원회COFI* 제19차 회의로 볼 수 있다. 그 이후 책임 있는 어업에 대한 국제회의가 1992년 멕시코 칸쿤에서 개최되었고 그 회의의 결과가 유엔환경개발회의UNCED의 '의제 21'에 반영되었다. 이어서 1993년 11월, '공해상 어선의 국제적 보존 관리 조치 이행 증진을 위한 협정'**이 채택되었다. 그리고 1995년 10월 31일 회원국 만장일치로 채택된 FAO의 책임 있는 어업 규범***에 IUU 어업의 방지 조항이 담겼다.[3] 2년 뒤인 1997년에 남극해양생물자원보존위원회CCAMLR****에서 IUU 어업 문제를 공식적으로 언급했다.[4] 국제사회의 IUU 어업에 대한 대책 논의의 역사가 30년이 넘는다는 얘기다.

___

* FAO 수산위원회는 1965년 30개 회원국을 중심으로 활동을 시작했다.

** The Agreement to Promote Compliance with International Conservation and Management Measures by Fishing Vessels on the High Seas(1993 FAO Compliance Agreement).

*** 1995 FAO Code of Conduct for Responsible Fisheries.

**** Commission for the Conservation of Antarctic Marine Living Resources.

FAO는 IUU 어업에 대한 강경한 대응과 압력의 필요성에 따라 1999년 2월부터 국제 전략을 세우기 시작하여 2년간 IUU 어업을 종식하기 위한 국제행동계획IPOA-IUU을 수립했다.[5] 그러므로 2024년 올해는 IUU 어업 근절을 위한 국제적 행동이 시작된 지 23년이 되는 해이다.

이렇듯 국제사회에서 IUU 어업 근절을 요구하고 있지만, IUU 어업을 종식하기 위한 국제행동계획이 결국 자발성에 크게 의존하고 있기 때문에 아직도 IUU 어업으로 인한 문제가 발생하고 있다. FAO에 따르면, 전 세계 물고기 어획량의 34.2퍼센트가량이 남획되고 있다.[6] 우리가 먹는 물고기 세 마리 중 한 마리가 해양생태계를 붕괴시키는 어업으로 잡힌 물고기라는 말이다. 아무래도 우리나라는 IUU 어업에 대한 인식이 비교적 낮은 상황이니, 국내 한정으로 통계를 낸다면 더 심각한 결과가 나올 가능성이 크다.

미국과 유럽연합은 IUU 어업 가담 국가의 목록을 작성하고 있다. 미국은 자국법에 따라 상무부 장관이 2년마다 IUU 어업 가담국을 조사해 의회에 보고한다. 보고서는 상무부 소속인 해양대기청에서 준비한다. 유럽연합 역시 2010년부터 IUU 어업 선박 목록을 작성하고 IUU 어업을 통해 획득한 수산물의 수입을 금지하는 등 강력한 조치를 취하고 있다. 미국과 유럽이 이처럼 자체적으로 IUU 어업에 대응하는 건 IUU 어업 당사국의 정부가 선사船社를 제대로 규제하지 못하고 있기 때문이다. 실제로 IUU 어업은 대부분 부패하거나 가난한 국가에서 일어나고 있다. 그런데 우리나라도 미국과 유럽연합에 의해 '예비 IUU 어업 국가'로 지정된 적이 있다.

대한민국의 IUU 어업

처음 우리나라가 예비 IUU 어업 국가로 지정된 것은 2013년 1월 미국에 의해서였다. 남극해는 어느 나라에도 속하지 않으므로 '남극 해양생물 자원 보존에 관한 협약CCAMLR'*에 따라 관리되는데, 국내 어선이 지속적으로 남극해에서 허용 어획량을 초과하며 남획을 하였다. 결국 우리 정부의 제재 수준이 너무 낮다고 판단한 미국이 우리나라를 예비 IUU 어업 국가로 지정한 것이다. 그리고 그해 11월 유럽연합도 서아프리카 수역에서의 불법조업과 IUU 어업에 대한 처벌 및 통제 시스템의 미흡을 원인으로 우리나라를 예비 IUU 어업 국가로 지정했다. 이로 인해 우리 정부에서 적절한 조치를 하지 않으면 'IUU 어업 국가'로 지정되어 수산물을 수출할 수 없게 되는 상황에 놓였는데, 다행히 우리 정부의 제도 개선 노력을 인정받았고 2015년 미국과 유럽연합 모두 우리나라를 예비 IUU 어업 국가에서 제외했다.

그런데 그로부터 4년 뒤인 2019년 9월, 우리나라는 다시 한번 미국 해양대기청에 의해 예비 IUU 어업 국가로 지정된다. 2017년 남극 수역 어장 폐쇄 통보가 있었음에도 남극해양생물

* Convention on the Conservation of Antarctic Marine Living Resources.

자원보존위원회 수역에서 우리 선박이 남극이빨고기Antarctic toothfish*를 잡다 적발되었기 때문이다. 물론 단순히 이러한 사건 한 건 때문에 예비 IUU 어업 국가로 지정되진 않는다. 우리 정부는 어업 중지 조치를 어기고 조업한 선사에 합법적으로 어획물을 유통할 수 있는 어획증명서를 발급했다. IUU 어업의 어획물이 유통될 수 있는 환경을 조성한 것이다. 덕분에 해당 선박은 불법 어획물로 약 9억 원의 수익을 얻을 수 있었다. 게다가 해당 선박 두 척 중 한 척은 해경 수사 단계에서 무혐의 판단이 나왔고, 다른 한 척은 검찰에서 기소유예 처분을 받았다. 솜방망이 처벌이나 다름없었다. 이와 같은 우리나라의 사건 처리 과정을 보며 해양대기청이 결국 우리나라의 불법조업 억제력이 미흡하다고 판단한 것이다. 이후 원양산업발전법을 개정하는 등 우리 정부의 발 빠른 대처와 지속적인 노력으로 4개월 만인 2020년 1월 예비 IUU 어업 국가에서 제외되었지만, 국가적인 망신이 아닐 수 없었다.

아주 먼 바다에서 자행된 우리나라의 IUU 어업에 대한 기록은 28년 전인 1996년까지 거슬러 올라간다. 해양수산부에서 2018년 12월 펴낸 『원양산업 60년 발전사』라는 책에는 무

---

* 우리가 흔히 '메로'라고 부르는 이빨고기에는 파타고니아이빨고기와 남극이빨고기가 있는데, 여기서 말하는 것은 남극 주변에서 사는 남극이빨고기이다. 먹이사슬에서 중간포식자 역할을 하는 생태적으로 매우 중요한 종인데 멸종위기에 처해 할당된 양 이상의 남획을 엄격하게 금지하고 있다. 그러나 시장에서 비싼 가격에 거래되어 불법 어업이 발생하고 있다. 2020년 12월 30일 극지연구소에서 배포한 보도자료에 따르면, 우리나라가 남극이빨고기 최대 조업국이다.

발생연도	IUU 어업 유형	처분 결과
1996	북양트롤:8, 오징어채낚기:4	어업정지 15건, 1차경고 3건
1977	오징어채낚기: 2	허가취소 1건, 어업정지 1건
1978	참치연승:2, 오징어채낚기:8, 해외트롤:2, 봉수망:2	허가취소 6건, 어업정지 2건, 1차경고 6건
1999	오징어채낚기:3, 봉수망:2	허가취소 2건, 1차경고 3건
2000	북양트롤:9, 오징어채낚기:2, 해외트롤:3, 외줄낚시:1	어업정지 15건
2001	참치연승:4, 오징어채낚기:7, 북양트롤:14, 해외트롤:5	허가취소 7건, 어업정지 12건, 1차경고 11건
2002	북양트롤: 2, 오징어채낚기:2, 해외트롤:3, 외줄낚시:2	허가취소 1건, 어업정지 8건

우리나라 원양어업의 IUU 발생 건수와 처분 건수[7]

려 1996년부터 '북양트롤*' '오징어채낚기' IUU 어업이 자행되었다고 기록되어 있다.

캐나다 브리티시컬럼비아대학교UBC에서 2008년 발간한 연구보고서엔 해양수산부의 발간물에서 찾을 수 없는 IUU 어업 기록이 있다. 보고서에 따르면 2004년 'MV Kyung II Ace'라는 대한민국 선박이 인도네시아 파푸아주 아라푸라해에서 두 척의 배로 어획물을 옮기다 인도네시아 해군에 의해 나포됐다.

---

* '트롤trawl'은 우리나라에선 전개판이 달린 저인망 어업을 뜻한다. 다만 해외에선 어선이 그물을 끌고 다니면서 조업하는 모든 방식을 '트롤'이라고 한다.

보고서엔 불법 어업 선박으로 선장 포함 총 서른세 명이 체포
된 것으로 기록되어 있다.[*][8] 또 보고서엔 2005년 다른 선박들
이 허가를 받지 않은 한국, 스페인, 그리스, 코트디부아르, 시
에라리온, 중국 선박을 자주 목격했다는 언급과, 2004년 페루
의 수도에서 북쪽으로 280킬로미터 떨어진 우아르메이Huarmey
지역 해안에서 대규모 어업을 진행한 한국 어선 세 척을 억류
했다는 기록도 있다. 또한 2006년 일본 홋카이도 북동부 지역
에서 우리나라 어선이 불법 어업을 했으며, 2006년 7월엔 한
국과 중국의 선박 67척이 일본 배타적경제수역 밖에서 유자
망을 이용한 불법 연어 어업을 했다고 기록되어 있다.

　이처럼 2000년대 초반 우리 선박들의 IUU 어업 사례가 국
제사회에서 자주 거론되자 우리 정부에서도 국제적 행동에 참
여하며 다방면으로 IUU 어업 근절에 노력했던 것으로 보인다.
그럼에도 불구하고 우리나라는 2005년 극단적인 편의치적便
宜置籍, Flag of convenience[**] 어업활동으로 블랙리스트에 오른 20개
국가 중 6위를 차지했다.[9] 그리고 상술했다시피 우리 선박들의
IUU 어업은 그 이후로도 지속적으로 발생했고, 2013년에 이
르러 예비 IUU 어업 국가로 지정되는 사태가 벌어진 것이다.

---

[*] '인트라피시IntraFish'라는 언론사에 동일한 선박과 동일한 지명이 언급되는 2008년 기사가 있는데, 9척의 선박으로 800톤의 어획물을 실었고 선장을 포함한 35명이 해군기지로 이송됐다는 내용의 기사이다. 동일한 사건이라면 2008년 일어난 사건일 가능성도 있다.

[**] 세금을 줄이고 규제를 피하기 위해 선박을 자국이 아닌 제3국에 등록하는 것을 말한다. 편의치적은 불법 어업에 대한 추적을 어렵게 만든다.

『원양산업 60년 발전사』에 따르면 우리나라의 불법 어업은 2008년 1건, 2009년 1건, 2010년 2건, 2011년 17건, 2012년 1건, 2013년 27건, 2014년 3건 발생했다. 2000년대 이후로도 조금씩 늘어나는 추세를 보인다는 것은 우리 정부의 원양어업 선사 통제력이 점차 약화하고 있다는 것으로도 해석 가능하다. 일부 선사의 일탈로 바라보는 시각도 분명 있지만, 그건 어디까지나 우리나라 내부의 시선일 뿐 다른 국가에는 우리 정부의 통제력 상실로 보일 수밖에 없다. 이처럼 국내 선박의 IUU 어업이 지속된다면 국가 이미지가 크게 실추될 것이고 그 피해는 경제적으로 환산하기 힘들 것이다.

미국에서 예비 IUU 어업 국가로 지정된 지 불과 4개월 만에 조기에 지정 해제되고 일부에서 "IUU 어업 근절에 대한 제도적 장치를 어느 정도 끌어올렸다"라는 자평이 나오며 긴장이 풀리기 시작하던 2020년 2월, 마셜제도공화국에서 우리나라의 한 원양어선이 기소되는 사건이 발생했다. 해당 어선이 수차례에 걸쳐 마셜제도의 배타적경제수역을 불법으로 침범하여 조업을 했다는 것이다. 예비 IUU 어업 국가에서 지정 해제된 것이 불과 한 달 전인지라 원양어업계가 다시 한번 발칵 뒤집혔다.

그런데 얼마 뒤 해당 선사의 다른 어선이 미흑점상어 열아홉 마리를 중서부태평양수산위원회WCPFC 수역에서 포획하고 보고하지 않은 사실이 선원의 내부고발로 드러났다. 미흑점상어는 워싱턴 협약*에 따라 거래가 금지된 종이자 세계자연보전연맹 적색목록에 취약VU 등급으로 오른 종이다. 수사기관에서 수사를 실시했지만 수사 대상은 선사가 아닌 해당 선박의 선장에 한정되었고, 선사는 해당 선박을 폐기하겠다고 밝혔다.

우리나라의 IUU 어업은 이처럼 관습적으로 행해지다가 국가의 지위가 높아지고 제도의 장벽이 높아지면서 발생 빈도가 줄어들고 있다. 몇 차례의 예비 IUU 어업 국가 지정 사태를 거치는 동안 원양어업에 있어 법과 제도가 정비되며 수준이 높아진 것도 사실이다. 하지만 관심의 정도가 줄어들면 앞의 사례처럼 언제든 다시 IUU 어업이 발생할 수 있다는 것을 명심해야 한다. 또한 인간과 해양생물의 공생과 지속 가능한 어업을 위해 더 투명하고 추적 가능한 시스템을 갖출 필요가 있다.

---

* 세계적으로 멸종위기에 처한 야생 동식물의 상업적인 국제거래를 규제하고 생태계를 보호하기 위하여 채택된 협약(Convention on International Trade in Endangered Species of Wild Fauna and Flora, CITES).

우리 주변의
IUU 어업

그렇다면 국내에서 벌어지고 있는 불법 어업은 없을까. 이번 장에선 우리나라 내부에서 행해지고 있는 불법 어업에 대해 살펴보려고 한다.

　가장 먼저 짚어볼 곳은 서해다. 서해에서 쉽게 볼 수 있는 불법 어업 중 하나는 바로 칠게잡이다. 주로 갯벌에서 서식하는 칠게는 크기가 보통 25~40밀리미터로 아주 작다.* 작은 게가 식당에서 튀김 혹은 무침으로 만들어져 반찬으로 나오는 걸

---

* 어종마다 길이를 재는 방법이 다른데 갑각류는 일반적으로 몸통의 세로 길이인 '갑장'을 잰다. 다만 꽃게의 경우 게딱지의 가로 길이인 '갑폭'을 재며 갑폭이 6.5센티미터 이상인 개체만 잡을 수 있다.

본 독자분들이 있을 것이다. 그것이 칠게다.

　이런 칠게는 직접 손으로 잡거나 건강망*을 이용해 잡는다. 물론 다른 방법도 있다. 반으로 가른 PVC 파이프를 길게 설치한 뒤에 파이프 끝에 구덩이를 파서 통을 묻어놓는 것이다. 갯벌을 기어다니던 칠게가 절단된 파이프 속으로 떨어지면 미끄러운 파이프에서 빠져나올 수 없는 칠게는 파이프를 따라 이동하게 되고, 결국 파이프 끝에 설치된 큰 통 속으로 떨어지게 된다.

　그런데 PVC 파이프의 재료가 되는 염화비닐은 국제암연구소IACR가 지정한 발암물질이며, 파이프를 만들 때 가소제로 사용되는 프탈레이트는 내분비교란물질이다.[10] 게다가 칠게잡이에 이용된 PVC 파이프가 갯벌에 그대로 방치되어 갯벌을 오염시키는 일이 비일비재하게 발생하여 이는 엄연히 정부에서 금지하고 있는 불법 어업이다. 그럼에도 이러한 불법 칠게잡이는 사라지지 않았고 현재도 수없이 많은 PVC 파이프가 서해안 갯벌에 박혀 있다.[11]

　두 번째로 소개할 불법 어업은 실뱀장어잡이다. '민물장어'라고도 불리는 뱀장어는 우리에게 보양식으로 잘 알려져 있는데, 사실 뱀장어는 우리나라에서 보호종이 아닐 뿐 2014년 세계자연보전연맹 적색목록에 '위기EN' 등급으로 등재된 멸종위

---

* 밀물과 썰물을 이용하여 퇴로를 막아 물고기를 잡는 조업 방식으로, 긴 말뚝을 갯벌에 박고 말뚝과 말뚝 사이를 그물로 연결하여 조성한다.

'실뱀장어'라고 불리는 뱀장어의 새끼.

기종이다. 이 뱀장어의 새끼가 바로 실뱀장어인데, 실처럼 가느
다랗게 생긴 탓에 이러한 이름이 붙은 것이다.* 뱀장어는 민물
에서 살다가 바다로 나가 산란을 하고 부화한 새끼가 다시 민
물로 올라온다. 뱀장어가 이러한 생태를 갖고 있다 보니 인공

---

* 현장에선 주로 '시라시'라는 이름으로 불리고, 영어로는 유리와 같이 투명하다고 하여 'glass eel'이라
고 부른다.

부화가 워낙 어려워 새끼를 잡아 양식을 하고 있다.

그런데 이 실뱀장어의 몸값이 워낙 높아 허가를 받지 않은 어업과 허가된 구역 밖에서의 무분별한 불법 어업이 횡행하고 있다. 내가 활동하는 동안 실뱀장어의 몸값이 마리당 5000원 정도까지 올라간 적이 있는데, 이 시기 고작 석 달 정도 되는 기간에 실뱀장어 조업으로 올릴 수 있는 수익이 적게는 1억 원, 많게는 2억 원까지 됐다. 내게 제보를 해준 분들로부터 "할 일 없어지면 내려와서 실뱀장어 잡아요. 그냥 손전등 켜고 잡아도 먹고는 살아요"라는 우스갯소리까지 들었을 정도다.

환경운동연합 활동 시작과 동시에 실뱀장어 불법 어업 근절을 위해 6년 동안 꾸준히 노력했다. 다행히 언론에서도 주목해 주어 수차례 크게 보도도 되었는데, 실뱀장어 불법 어업은 여전히 근절되지 않고 있다. 왜일까. 불법 어업에 사용되고 있는 것으로 추정되는 선박이나 시설들이 재산권 문제로 인해 강제 폐기가 불가능하기 때문이다. 밤이면 누가 그 배에 올라가는지 온 동네 사람들이 다 알아도 공식적으론 주인을 모르는 배이기 때문에 적절한 조치를 취할 수가 없는 실정이다. 이러한 환경에서 불법 어업은 매년 이어지고 있다.

무엇보다 군산에 내려갈 때마다 화가 났던 점은, 불법 어업을 준비하고 있는 어선 바로 앞에 해양경찰청이 있다는 것이다. 도대체 어떤 사람들이 무소불위의 권력으로 당당하게 해양경찰청 앞에서 불법 어업을 진행하는지 도저히 이해하기 힘들었다.

금강 하구에 학익진을 펼친 불법 어선들. 이 현장 가까이 군산 해양경찰청이 있다.

한편, 동해에서는 대게 불법 어업이 상당하다. 추워지는 11월부터 4~5월까지가 대게 어업 시즌인데, 이 시기가 찾아오면 동해가 아주 분주해진다. 대게는 총허용어획량제도TAC 적용 어종이기 때문에 정부에서 정해준 양만 포획해야 한다. 게다가 대게는 포획 조건도 까다로운 편이다. 일단 갑장 9센티미터 이하의 개체는 잡을 수 없고 암컷 대게도 잡을 수 없다.

하지만 대게 역시 값이 적잖이 나가다 보니 현장에서 다양한 꼼수가 판친다. 총허용어획량제도 적용 어종은 지정된 수협 위판장으로 이동해 얼마나 잡았는지 보고해야 하는데, 총허용어획량을 초과하여 조업한 선박은 지정 위판장이 아닌 다른 경로로 어획물을 유통한다. 대게잡이로 등록된 선박이 바다에 나갔다가 항구로 복귀하는데 총허용어획량에 대한 보고가 없다면 다른 경로로 대게를 유통했을 가능성이 크다. 그럼에도 어디까지나 이것은 심증일 뿐이고, 그 현장을 잡기란 여간 어려운 일이 아니다. 한편 어족 자원 보호를 위해 어획을 금지한 알이 밴 암컷 대게가 대구 지역에서 '빵게'라고 불리며 크게 유행한 적도 있다.

경남 지역에서 차례상에 올라가는 대구大□도 불법 어업의 대상이다. 대구는 산란기인 1월 한 달이 금어기다. 그런데 주지하다시피 산란기에 다다랐다는 건 영양분을 많이 품고 있다는 뜻이기도 하다. 그래서 산란기가 다가오면 금어기임에도 대구의 맛을 보려는 사람들이 많아지는 아이러니한 상황이 펼쳐진다.

2019년 대구 금어기 불법조업 특별 단속 기간에 부산항 신항 뒤편에 있는 재래시장에 방문했다. 이미 여러 건의 제보를 받은 터라 특별사법경찰관과 함께했는데, 설 명절을 앞두고 분주한 시장 안에서 버젓이 살아 있는 대구가 유통되고 있었다. 산란기여서 그런지 시장에서 유통되고 있는 대구의 몸통이 상당히 컸다. 그렇게 커다란 대구가 빨간 고무통 안에서 힘없이 꼬리를 쳤다. 몇 마리는 이미 숨이 다해가는지 배를 뒤집고 숨을 가쁘게 쉬고 있었다. 개중엔 알을 가득 배 배가 빵빵하게 부푼 대구도 있었다.

물론 금어기에도 대구를 어획할 수 있다. 금어기에 대구는 호망壺網 어업*으로 어획하는데, 알을 채취해 인공수정을 한 뒤 어린 대구를 방류하기 위한 목적이다. 그런데 인공수정을 위해 포획한 대구의 경우 꼬리에 태그를 달기 때문에 아무런 표식이 없는 살아 있는 대구는 불법 포획의 증거물이나 다름없다. 금어기에 살아 있는 대구를 포획하는 것은 수산자원관리법 제14조(포획·채취금지) 위반이며, 이를 유통하는 것은 같은 법 제17조(불법어획물의 판매 등의 금지) 위반으로 2000만 원 이하의 벌금이나 2년 이하의 징역에 처할 수 있는 범법 행위이다.

특별사법경찰관이 시장 안으로 들어가 대구를 확인하기 시작하니 재래시장 상인들이 일사불란하게 움직임이 시작했다. 상인들은 빨간 고무통을 나무판으로 덮거나 대나무 발을 이용해 단속 대상 어종을 감췄다. 대목을 앞두고 돈을 벌어야 하는 마음을 어찌 모를까. 하지만 엄연히 공정하게 경쟁하는 상인도 많은 것이 사실이다.

현장에서 가장 당혹스러웠던 점은 재래시장 상인의 항변이었다. 금어기에 살아 있는 대구의 유통이 금지되니 살아 있는 대구를 망치로 가격해 죽인 뒤 유통하고 있다는 것이다. '금어기'는 자원 보전을 위해 어획 금지 차원에서 지정하는 것인데, 실소가 나올 정도의 항변이었다. 심지어는 특별사법경찰관을

---

* 가운데에 물고기가 들어와 놀 수 있는 넓은 공간이 있고, 그 둘레로 여러 개의 원뿔 초롱 모양의 작은 그물이 달려 그 안으로 물고기가 들어가면 다시 나오지 못하게 되어 있다.

금어기에 유통되고 있던 대구.

보고 살아 있는 대구 수십 마리를 빠르게 죽이던 상인도 있었
다. 커다란 몸집의 대구 수십 마리가 막 숨이 거둬진 장면을
보고 있으니 혼란스러워졌다. 대체 어디서부터 잘못된 것일까.

　다음 날엔 항구에서 불법 어업을 포착했다. 어업구역이 아
닌 곳에서 호망 어업을 하고 있었다. 조용히 배가 들어오길 기

단속으로 인해 급히 처리된 대구.

다렸다. 배가 입항하여 확인을 해보니 어획물에 살아 있는 대
구가 있었다. 곧바로 수산자원관리법 위반 행정절차가 진행됐
다. 지긋하신 노부부의 불법 어업이었는데 보고 있자니 마음
이 심란했다. 바구니 하나 정도로 대단히 많은 양도 아니었는
데, 과태료 생각에 눈물을 흘리시는 노부부를 보니 마음이 착

잡해지지 않을 수가 없었다. 함께 있던 특별사법경찰관 역시 이런 일이 쉽진 않다고 털어놨다. 노부부의 울음소리를 들으니 마음이 흔들릴 수 있겠다는 생각도 들었다. 이런 문제까지 해결할 수 있는 시스템이 언젠가는 자리 잡을 수 있을까.

이후 단속 차량을 타고 창원으로 이동하는데, 어업관리단 공무원이 갑자기 이미 노출됐다는 말을 했다. 어업관리단 공무원들은 보통 은색 스타렉스를 타고 다니는데, 딱 봐도 단속 차량임이 티가 난다. 게다가 번호까지 이미 어촌계에 노출되어 있다. 그렇기 때문에 어민들은 단속 차량을 바로 알아차리고 대비를 한다.

그러나 그렇다고 해도 우리가 아직 산길을 달리고 있었기에 나는 영문을 알 수 없었다. 우리가 노출된 것은 다름 아닌 산불 감시 초소였다. 동행한 공무원이 초소를 지날 때 초소 안에 있던 사람이 전화를 거는 모습을 봤다는 것이다. 설마 하며 창원 어촌계에 들어섰는데, 눈에 들어온 것은 항구에 서 있는 모든 사람이 전화를 하는 모습이었다. 우리는 차 안에서 허탈하게 웃었다. 항구로 돌아오던 배들이 선수를 돌려 다른 지역으로 이동하고 있었다. 예상치 못한 곳 여기저기에 맹점이 있었다.

모든 업이 그렇듯, 어업에도 지켜야 하는 규정이 꽤 많다. 선박을 등록하고 면허를 받아야 하며 규정에서 벗어나는 개조를 해선 안 된다. 어구에도 명확한 규격이 있어 어획물을 더 쉽게 잡겠다고 함부로 개조해선 안 된다. 또 어종마다 포획 가능 크기가 정해져 있고 암컷을 특별히 보호하는 어종도 있다. 또한 산란기에는 어획 및 유통이 금지되기도 한다. 이러한 조치는 모두 해양자원 보전을 위한 것이다.

그런데 지금까지 설명한 것처럼 우리나라는 현재 무허가 어업, 조업 구역 위반, 어구 불법 개조 및 어구 규정 위반, 금어기 포획, 남획 등의 형태로 다양하게 불법 어업이 행해지고 있다. 처벌이 약해서일 수도 있고 단속이 제대로 이루어지지 않아서일 수도 있다.

이러한 와중에 최근 우리 정부 정책은 규제 완화 기조를 보이고 있다. 2023년 1월 7일부터는 개서대, 황돔, 황복, 털게, 닭새우, 펄닭새우, 백합, 개다시마, 감태, 검둥감태, 곰피, 대황, 도박류, 뜸부기의 금어기가 폐지됐다. 또 어업 또는 양식업 면허·허가 시점에 징수하던 수산자원 조성금을 폐지하여 어업의 진입장벽을 낮추었다. 또 해양 심층수 이용 부담금 폐지, 여객선 운항관리자 비용 부담금 폐지, 방제 분담금 완화 등 다양한 방면에서 규제 완화가 진행되고 있다.[12]

'바다의 판다'와
'바다의 코카인'

태평양과 맞닿은 멕시코 캘리포니아만에는 '바키타'라는 돌고래가 있다. 바키타는 수컷이 150센티미터, 암컷은 140센티미터 정도의 비교적 작은 몸집 갖고 있는 쇠돌고래의 일종인데, 눈가에 검은 반점이 있어 '바다의 판다'라는 별명을 갖고 있다. 그런데 이 바키타가 현재 전 세계 열 마리도 채 남지 않은 것으로 추정하고 있다.[13] 절멸을 눈앞에 둔 것이다.

오늘날 바키타를 멸종으로 이끄는 건 어처구니없게도 토토아바 불법 어업 때문이다. 토토아바는 멕시코 캘리포니아만에서 서식하는 민어과 물고기인데, 1975년부터 거래가 금지되었음에도 여전히 불법 어획이 끊이질 않고 있다.

그런데 토토아바는 왜 이렇게 불법으로 어획되고 있는 것일까. 남극이빨고기처럼 맛이 좋아 식용 수요가 많기 때문에 값이 비싸 불법 어업이 발생하는 것일까. 전혀 그렇지 않다. 토토아바를 불법으로 포획하는 자들의 목적은 토토아바의 어육이 아니다. 그들의 목적은 토토아바의 부레다.

토토아바의 부레는 중국에서 최고의 자양제로 칭송받으며 킬로그램당 2만 달러에서 8만 달러라는 높은 금액에 팔리고 있다.[14] 한화로 2700만 원에서 1억 원까지도 하는 것이다. 이처럼 황금이나 마약과 견줄 만한 비싼 가격 때문에 토토아바의 부레는 '바다의 코카인'이라는 별명을 갖고 있다.

토토아바 불법 어업은 캘리포니아만 북부에서 일어나고 있는데, 이곳은 생물다양성을 보전하고 지역사회의 발전을 도모하며 문화가치를 유지하기 위하여 유네스코가 '생물권보전지역'으로 지정한 곳이다. 이러한 생물권보전지역에 토토아바 포획을 위한 자망刺網*이 설치되었고, 이 자망에 애먼 바키타가 걸려 폐사하는 바람에 결국 멸종 직전까지 오게 된 것이다.

토토아바 밀매는 멕시코의 밀렵꾼과 밀매업자 일당, 중국 밀수업자들로 이어지는 카르텔에 의해 이루어지며, 중국의 폭력조직과도 연결되어 있는 것으로 알려졌다.[15] 라틴아메리카 저널리즘 플랫폼 '디아로고치노Diálogo Chino'가 보도한 내용에 따

---

* 테니스 네트처럼 생긴 길고 커다란 그물을 바다에 설치해 해류를 통해 움직이는 어류가 걸리게 만든 그물이다. 아가미Gill에 그물이 걸린다고 해서 영어로 'Gillnet'이라는 이름이 붙었다.

르면 토토아바 부레 밀수는 세밀한 계획 아래 진행되고 있다. 토토아바 부레를 비롯한 밀수품들이 다양한 지역으로 분산되었다가 최종 목적지인 중국과 미국으로 보내지고 있는데, 우리나라 역시 2014년에 토토아바 부레 밀수 경유국으로 기록되었다. 누군가 토토아바 부레 밀수에 참여하고 있다는 뜻이다.[16]

토토아바의 밀매 루트를 추적해 온 비정부기구 EAL[Elephant Action League]이 발간한 『OPERATION FAKE GOLD』에는 "토토아바의 부레는 홍콩, 한국, 일본, 타이완 등의 국가를 경유하는데, 상당한 시간이 필요한 이 작업은 마약 밀매 루트를 이용한다"[17]라고 기술되어 있다. 토토아바의 부레 밀매가 국제적으로 얼마나 치밀한 계획 아래 이루어지고 있는지 짐작할 수 있는 대목이다.

2018년 천연자원보호협의회NRDC 보고에 따르면, 캘리포니아와 중국의 세관이 토토아바 부레의 밀수입에 대한 수사를 진행하면서 조직폭력배 16명을 구속하고 약 980파운드(445킬로그램)의 부레를 압수했다. 현금화하면 2640만 달러, 한화로 약 360억 원에 달하는 양이었다.[18]

그나저나 어쩌다 멕시코 캘리포니아만에 서식하는 토토아바가 지구 반대편에 있는 중국으로 가게 되었을까. 중국에 황순어黃脣漁, Chinese Bahaba라는 물고기가 있다. 양쯔강 하류부터 홍콩, 마카오 주변에서 서식하는 민어과 물고기인데, 이름 그대로 노란 입술을 가진 것이 특징이다. 이 황순어는 중국에서 뛰어난 보양식으로 취급되었는데, 그 탓에 황순어의 개체 수가 줄고 결국 멸종위기에 처하게 되었다.* 그러자 구하기가 몹시 힘들어진 황순어의 몸값이 천정부지로 뛰었고,** 황순어의 대체재로 선택된 것이 같은 민어과 물고기 토토아바인 것이다. 그리고 지금은 토토아바 또한 멸종위기종이 되었다.

토토아바를 멸종으로 이끌고 있는 것은 이뿐만이 아니다. 1920년대부터 발달하기 시작한 새우 조업 또한 토토아바 멸종에 큰 몫을 하고 있다. 작은 새우를 잡기 위한 세목망***에 애꿎은 토토아바는 물론 아직 성체가 되지 못한 어린 토토아바까지 모두 걸려버린 것이다. 그 결과 20세기 초 수천 톤에 달하던 토토아바 어획량이 1950년대 수백 톤으로 떨어지고 1970년대에 들어선 고작 수십 톤으로 줄어들었다.[19] 그리하여 1976년 멸종위기에 처한 야생 동식물의 국제 거래에 관한 협약CITES에 의해 거래가 금지되기에 이르게 된다. 1979년 미국에서까지 토토아바가 멸종위기종으로 지정되면서 미국으로의 유통도 불가능해졌지만,[20] 애석하게도 이러한 금지 조치는 토토아바의 몸값을 더 올리는 요인이 되었을 뿐이었다.

1986년 멸종위기종의 상태를 나타내는 세계자연보전연맹 적색목록에 '위기' 등급으로 등재된 토토아바는 1996년 '위급CR' 등급으로 올라갔다가 다행히 2020년 '취약VU' 등급으로

---

* 황순어는 세계자연보전연맹 적색목록에 '위급CR' 등급으로 등재된 물고기이다.

** 황순어 한 마리가 5억 원이 넘는 금액에 거래된 기록도 있다.(广州日报, 「300克黄唇鱼鱼鳔在穗价值几十万」, 凤凰网, 2012년 8월 18일.)

*** 멸치, 젓새우 등 작은 물고기 잡이에 사용되는 그물이다. '모기장 그물'이라고도 한다.

토토아바 밀렵을 끝내고 돌아오고 있는 캘리포니아만 연안의 어선.
심지어 바로 앞에 멕시코 해군함정이 있다.

내려왔다. 그럼에도 명백히 멸종위기종으로 엄격하게 관리되
어야 하는 종인데, 지금도 캘리포니아만에서는 토토아바의 불
법 어업이 자행되고 있으며 멕시코 정부에선 규제 완화 정책을
펼치고 있는 실정이다.[21]

물고기의 부레를 먹는다고 정력이 좋아지거나 피부가 좋아질 리가 있겠는가. 황당한 이야기다. 부레가 비싼 값에 거래되기 때문에 멸종위기에 처했다니, 한편으로 비현실적으로 느껴진다.

2017년, 멕시코 정부의 요청으로 멸종위기에 처한 바키타를 구하기 위해 전문가들이 모였다. 이들은 당시 30여 마리밖에 남지 않은 바키타를 보호하기 위해 멕시코 불법 어업과 자망 어업을 근절하기 위한 프로젝트를 진행했는데, 여기에 할리우드 스타 레오나르도 디카프리오가 설립한 레오나르도 디카프리오 재단Leonardo DiCaprio Foundation도 참여했다. 500만 달러가 투입된 이 프로젝트는 오랜 준비 끝에 2017년 10월 11일 시작됐다.[22]

바키타를 멸종으로부터 구하기 위해 약 90여 명의 과학자가 모여 연구를 시작했지만, 한 달이 채 되지 않아 연구가 중단됐다. 연구를 위해 바키타를 생포했는데, 스트레스에 민감한 바키타가 사망하는 모습을 보곤 바로 프로젝트를 중단한 것이다.[23] 세상에서 가장 작은 돌고래가 절멸하는 것을 막겠다는 선의로 모인 이들이 하루하루 바키타에 대한 연구 기록을 영상과 글로 남겼는데, 그 마지막 영상에 담긴 결론은 절멸 위협에 놓인 야생 개체를 인간이 인공적으로 이어갈 수 없다는 것이었다.

바키타의 미래는 무엇일까? 멕시코 캘리포니아만의 자망이 모두 철거되고 다시 자연 증식을 하게 될지, 불법 어업으로 사라진 해양 포유류로 역사에 기록될지 아직은 결정이 나지 않았다. 다만 지푸라기라도 잡는 심정으로, 인간으로 인해 또 하나의 종이 멸종하지 않기를 간절히 소망해 본다. 지금 이 순간이 인류와 바키타의 마지막 공존이 되지 않기를 기원한다.

너무나 촘촘한 그물,
세목망

이번 장에선 앞에서 잠깐 언급한 세목망에 대해 좀 더 자세히 얘기해 보려 한다.

간단하게 말하면, 그물은 결국 물고기를 포획하기 위한 어구이므로 물고기가 통과할 수 없어야 한다. 당연히 큰 물고기를 잡을 땐 그물코가 큰 그물을 쓰고 작은 물고기를 잡을 땐 그물코가 작은 그물을 사용하는데, 작은 물고기를 잡기 위해 만든 그물코가 작은 그물은 어종에 상관없이 그 일대의 해양생물을 싹쓸이해 버린다.

이런 문제를 방지하기 위해 정부는 수산업법 시행령 제38조(어구의 규모 등의 제한) 3항에 어업별로 그물코 규격에 제한을 두었다. 특별한 어종이 아니라면 대다수 어업에서 그물코가 30~100밀리미터인 그물을 사용하고 있다. '그물코의 크기가 100밀리미터면 작은 물고기는 다 통과할 수 있겠는걸?'이라고 생각할 수 있는데, 수산업법 시행령에는 그물코의 규격을 "그물코를 잡아당겨서 잰 안쪽 지름의 길이"라고 규정해 놓았다. 그러니까 그물코의 규격을 잴 때는 단순히 지름이나 반지름을 재는 것이 아니라, 마름모꼴 그물코의 윗매듭과 아랫매듭을 위아래로 쭉 늘려 최대 길이를 재는 것이다. 실제로 100밀리미터짜리 그물코에 대규모로 몰려다니는 멸치들이 걸려 그물을 막곤 한다. 또한 비교적 몸집이 큰 삼치를 잡을 때도 그물코의 규격이 100밀리미터가 넘는 어망을 이용하는데, 어획물을 살펴보면 우리가 시장에서 보는 대다수의 어류를 확인할 수 있다.

실정이 이런데 그물코가 작디작은 세목망은 오죽할까. 멸치 같은 작은 해양생물 어획에 사용되는 세목망 그물코의 평균 규격은 7밀리미터다.[24] 웬만한 해양생물은 이 그물에서 빠져나갈 수 없다. 그런데 정말 심각한 문제는 이 세목망이 안강망鮟鱇網, stow net 어업에 사용될 때 발생한다.

안강망은 긴 주머니 모양의 거대한 통그물인데, 닻으로 그물을 바닷속에 가라앉혀 놓고 조류에 밀려 안에 들어오는 해양생물들을 잡는 어망이다. 기본적으로 혼획이 쉬운 구조로, 바다 밑에 입을 크게 벌린 빌딩만 한 아귀가 있다고 생각하면 된다.

연안에서 선망旋網이나 선인망船引網을 사용하는 어업의 경우 그물코의 규격이 15밀리미터보다 커야 하는데, 멸치잡이를 위

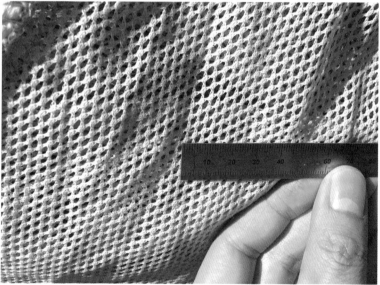

서천 홍원항과 장항산단로에서 발견한 세목망. 그물코의 규격이 고작 4~5밀리미터이다.

해 세목망을 이용하는 경우 이 규격의 적용을 받지 않는다. 그리하여 치어조차 빠져나올 수 없는 촘촘한 세목망을 이용한 멸치잡이가 행해지는 것이다. 지금도 수많은 멸치잡이 선박이 안강망 어업을 하고 있다. 안 그래도 혼획이 쉬운 안강망 어업에 세목망이 사용되니 그 일대의 생명들이 싹쓸이되고 있다.

혼획으로 인한 수많은 문제를 낳고 있는 안강망 어업은 비단 멸치잡이에서만 활용되는 것이 아니다. 앞서 다루었던 실뱀장어잡이 배에서 사용하는 안강망 또한 모기장처럼 생겼다. 이와 같은 세목망은 치어까지 혼획될 정도로 그물코가 작기 때문에 해양생태계에 엄청난 악영향을 주고 있다.

그런데 이토록 부작용이 큰 안강망 어업은 언제부터 시작된 것일까. 아무래도 안강망은 19세기 말 일본을 통해서 우리나라에 들어온 것으로 추정된다.* 그런데 이상하게도 오늘날 일본 어업 관계자들이 어쩐지 안강망을 잘 알지 못하는 듯했다. 안강망의 부작용이 커 일본 정부에서 통제를 하고 있는 것일까.

몇 해 전 미국에서 열린 아시아 해양 활동가 지원 프로그램에서 운 좋게 일본인 활동가를 만나 안강망 어업 현황에 대해 물어봤다. 그런데 처음 듣는 말이라며 당황하는 것이다. 결국,

---

* "일설에는 한 일본인이 1899년에 우리나라 연안에서 안강망을 시용試用하였으나 실패했고, 이듬해에 비로소 좋은 성과를 거두었다고 한다. 또 1898년에 한 일본 어업 경영자가 전라남도 칠산탄七山灘에서 안강망을 사용하기 시작한 것이 그 효시라고 한다. 안강망은 우리 나라 재래식 어망인 중선망中船網과 어법이 유사하다. 따라서 이것이 처음 보급될 때 우리 나라 사람들은 이를 '일중선日中船'이라고 불렀다고 한다."(출처: 안강망鮟鱇網−한국민족문화대백과사전)

현재 일본에는 '안강망'을 이용한 어업은 없는 것 같다는 답변밖에 듣지 못했다. 그래서 후에 자료를 따로 찾아봤는데, 타카마스와 오카야마 사이에서 안강망 어업이 진행되고 있는 것으로 보였다.[25]

　중국에도 안강망과 비슷한 방식의 어업이 있다. 바로 '범장망'이다. 다만 범장망은 안강망보다 규모가 더 큰데, 재미있는 것은 중국에선 이 범장망이 한국에서 왔다고 알려져 있는 점이었다. 활동 중에 만난 중국 활동가는 중국 범장망의 기원이 한국이라고 했다. 한국에서 사용하는 안강망을 보고 더 크게 만든 것이 범장망이라는 것이다. 안 그래도 혼획이라는 부작용이 강한 안강망인데 거기에서 더 크기를 키웠다니, 범장망은 또 얼마나 많은 부작용을 낳고 있을지를 생각하니 아찔했다. 게다가 그 아이디어를 준 것이 우리가 사용하는 안강망이라는 사실이 안타깝지 않을 수 없었다. 결국 해양생태계의 문제고 인류 전체에 영향을 주는 문제이기 때문이다.

　생태·환경적인 차원에서 세목망의 문제를 지적하고 정부의 관리가 필요하다는 데 공감하는 어민들도 분명 있다. 그러나 나날이 어획량이 줄어들고 있어 어민들이 갈수록 힘들어지는 상황이기 때문에 많은 어민이 규제에 부정적인 견해를 갖고 있는 것이 사실이다. 그 마음을 이해하지 못할 리 없다. 다만 그럼에도 나는 여전히 바다와 공존하는 세상을 꿈꾼다. 어민들의 불편을 해결하고 해양자원을 보전하는 방법을 찾기 위해, 우리 사회의 노력이 지속적으로 이어졌으면 한다.

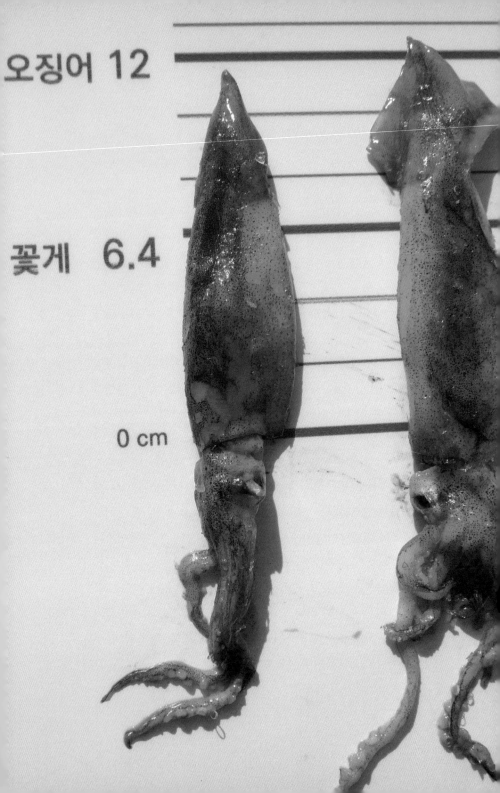

오징어 12

꽃게 6.4

0 cm

어린 물고기,
총알오징어와 세발낙지

아는 사람들 사이에서 별미로 여겨지던 이른바 총알오징어가 2019년 갑자기 유행을 탔다. '총알오징어'라고 하니 꼭 다른 종의 오징어를 이야기하는 것 같은데, 총알같이 작고 날렵한 이 오징어는 다름 아닌 태어난 지 몇 개월 되지 않은 어린 살오징어이다. 그런데 이처럼 '총알오징어'라는 새로운 이름을 붙여 유통을 하니, 많은 사람이 총알오징어가 살오징어의 어린 개체라는 걸 인지하지 못했다. 이렇게 작은 오징어는 엄연히 포획과 판매가 불법인데도 말이다.

　연구에 따르면, 살오징어는 부화 후 15일 정도의 유생 시기를 거쳐 어린 오징어로 변하는데 5개월이 지나면 체장이 14센티미터 정도로 성장한다. 그리고 최소 15센티미터는 되어야 산란이 가능해진다.[26] 그러므로 그 크기보다 작은 개체를 어획하면 수산자원을 보전할 수가 없게 된다. 그런데 일종의 '꼼수'와 함께 어린 오징어들이 대놓고 유통되고 있던 것이다.

이런 상황을 파악하고 어린 물고기 보호 법령 개정 운동을 준비하던 2019년, 얼마나 작은 살오징어가 '총알오징어'라는 이름으로 유통되고 있는지 알아보기 위해 시중에 판매되고 있는 총알오징어를 직접 구매했다. 그리고 그 크기를 잰 뒤 사진으로 담아 어린 물고기 어획의 문제점을 보도 자료로 작성하여 배포했다. 거기에서 그치지 않고 카드뉴스 등 다양한 미디어 콘텐츠를 만들어 시민들에게 이 문제를 알렸다. 그러자 어린 물고기에 대해 언급하는 매체가 점차 많아지기 시작했다.

그리고 당시 정부에서도 어린 물고기에 대한 정책을 개선하려는 움직임이 시작됐다. 마침 연근해 어업 생산량이 100만 톤 아래로 떨어지면서 정부에서도 심각성을 인지한 시기였기에 어린 물고기 보호를 위한 연구와 함께 정책을 마련하기 시작한 것이다. 그런데 재미있는 사실은, 이러한 흐름에 큰 몫을 한 것이 기업인이자 방송인인 백종원 씨라는 점이다. 사회적 영향력이 상당한 그가 당시 출연하던 인기 TV 프로그램 〈골목식당〉에서 "총알오징어 쓰면 안 돼요!"라고 한마디를 던지자 큰 파장이 일었고, 이는 총알오징어를 먹으면 안 된다는 사실이 널리 알려지는 계기가 되었다.

이처럼 여러 개의 톱니바퀴가 맞물려 돌아가 결국 정책 변화

를 이끌었다. 2020년 9월 15일 수산자원관리법 시행령 개정안
이 국무회의를 통과했고, 공식적으로 2021년에 수산자원관리
법 시행령 제6조 2항이 개정되면서 살오징어의 포획 제한 체장
體長^{*}이 12센티미터 이하에서 15센티미터 이하로 변경됐다. 환
영할 만한 변화였지만 이는 절반의 성공이었다. 법령에서 20퍼
센트 미만의 혼획을 허용해 주어 총알오징어가 어획되고 유통
될 가능성이 여전히 남아 있는 데다, 정부 관계자들과 연구자
들 사이에서 포획 제한 기준을 18센티미터 이하로 해야 한다
는 의견이 많았음에도 현장의 강한 반발로 인해 15센티미터에
서 만족을 해야 했기 때문이다. 그럼에도 이러한 정책 변화는
우리 사회의 변화 가능성에 대한 증명이었다.

어린 물고기에 대한 고의 혼획과 남획 근절을 위한 활동을
하면서 만난 또 다른 생명체가 있으니 다름 아닌 세발낙지였
다. 아직도 세발낙지를 낙지의 한 종류로 알고 있는 사람들이
많다. 특별히 다리가 가늘고 부드러워 식감이 좋은 종이라고
말이다. 사실 나 역시도 처음엔 그렇게 알고 있었다. 그런데 세
발낙지는 아직 덜 자란 미성어未成魚이고, 다리가 가늘고 식감
이 부드러운 이유는 아직 개체가 어리기 때문이라는 사실을
알게 되고선 충격을 받지 않을 수 없었다.

러시아 사할린부터 한국, 일본, 중국, 홍콩까지 넓게 분포하

---

* 오징어의 체장은 삼각형 머리끝에서 다리를 포함하지 않는 몸통 끝의 길이이다. 흔히 말하는 오징어의
'외투'의 길이이므로 '외투장'이라고도 한다.

고 있는 낙지는 갯벌부터 수심 200미터의 깊은 바다까지 넓게 서식하는 것으로 알려져 있으며, 주로 갯벌에서 잡거나 통발을 이용해 포획한다. 3~5년의 수명을 가진 문어와 달리, 우리 주변에서 보는 낙지는 살오징어와 마찬가지로 일년생 해양생물이다. 1년이라는 짧은 기간에 부화와 성장 그리고 번식과 죽음의 단계를 모두 거치는 것이다. 낙지는 주로 봄과 가을에 산란하는데 자원 보전을 위해 이 시기 전후로 금어기가 정해져 있고 각 지자체에서 낙지 방류 사업을 진행하고 있다.

2006년 연구에 따르면, 낙지는 약 1미터 이상의 깊은 은신처에서 백여 개의 수정란을 산란한다.[27] 산란하는 양이 다른 해양생물에 비해 적어 낙지가 산란을 하기 전에 잡아버리면 개체 수가 급격하게 감소할 수밖에 없다. 실제 데이터를 살펴보면 심각성은 더 크게 느껴진다. 전남 무안군에서 낙지 생산량에 대한 자체 조사를 진행한 내용이 기사를 통해 보도되었는데, 2007년 5800만 마리에 달하던 낙지 생산량이 2017년 2000만 마리로 감소했다는 것이다.[28] 불과 10년 만에 무려 50퍼센트 이상 줄어든 셈이다. 이렇게 낙지가 감소하자 무안군은 2007년부터 탄도만에 200헥타르에 달하는 수역을 낙지 보호수면으로 지정했고 2023년까지 약 2만 8000마리의 낙지를 방류했다.[29]

2023년 연근해 어업 생산량은 95.5만 톤, 2022년은 88.8만 톤에 불과하다.[30] 이런 상황에서 약 49만 톤의 어린 물고기가 잡혀 양식장 사료로 쓰이고 있는 것으로 추정된다.[31] 다른 국가에서 인간 활동에 영향을 받는 어린 물고기 보호와 지속 가능한 어업을 위한 서식지 보호 연구를 진행하고 있다는 얘기가 들려오는데, 안타깝게도 우리 바다에는 해양생물들이 안전하게 산란하고 부화한 치어가 인간에게 위협받지 않으며 성체가 될 수 있는 제한구역이 거의 없다.

배타적경제수역을
넘나드는 어선들

해양수산부에서 밝히고 있는 우리나라 관할해역은 약 43.8만 제곱킬로미터다. 우리나라 국토가 약 10만 제곱킬로미터이니 국토의 네 배가 넘는 넓은 면적이다. 이처럼 넓은 바다에서 수많은 배가 조업을 하고 있는데, 그 모든 배를 관리·감독하는 것은 결코 쉬운 일이 아니다. 게다가 일부는 안전 문제 발생 시 필요한 선박자동식별장치AIS를 고의로 꺼놓고 조업하기 때문에 바다에서 일일이 무슨 일이 발생하는지 파악하기란 무척 어려운 일이다.

바다는 육지와 달리 국가 간 경계를 구조물로 막아놓을 수 없다. 그저 국제해양법*에서 정해놓은, 영해기선으로부터 12해리까지인 영해와 영해기선으로부터 200해리까지인 배타적경제수역**이 있을 뿐이다. 우리나라의 경우 이 영역이 서쪽으로는 중국, 동남쪽으로는 일본과 겹친다. 그래서 주변국들과 합의하여 중간수역, 과도수역, 잠정조치수역 그리고 배타적경제수역의 경계를 설정해 놓은 상황이다. 그런데 어선들이 이 경계를 자꾸 넘나들어 해양생태계에 영향을 끼치는 것은 물론 외교적으로도 문제를 만들고 있다.

어업관리단은 어업활동을 지도하고 불법 어업을 단속하는 일과 함께, 외교적 문제가 일어나지 않도록 우리나라 어선이 주변 국가의 배타적경제수역으로 진입하는 것을 막는 역할도 하고 있다. 몇 해 전 이러한 어업관리단의 어업지도선에 탑승한 적이 있다. 남해와 일본의 대마도 사이 해역이었는데, 아슬아슬하게 한일 양국의 배타적경제수역 경계를 훑으며 지나는 선박을 발견했다. '쌍끌이기선저인망' 어선이었다. '쌍끌이'는 커다란 그물을 어선 두 척으로 펼쳐 끌고 다니며 해양생물을 어획하는 어업 방식을 말하고, '저인망'이라는 것은 바다 밑바닥으로 끌고 다니면서 깊은 바닷속 물고기를 잡는 그물을 말

* 공식 명칭은 '해양법에 관한 국제연합 협약(United Nations Convention on the Law of the Sea, UNCLOS)'이다. 1982년 12월 10일에 체결됐으며 1994년 11월 16일 발효됐다. 우리나라는 1983년 3월 14일 서명했고 1996년 2월 28일 자로 대한민국에 대하여 발효됐다.

** 연안으로부터 200해리 수역 안에 들어가는 바다. 연안국은 이 수역 안의 어업 및 광물 자원 따위에 대한 모든 경제적 권리를 배타적으로 독점하며, 해양오염을 막기 위한 규제의 권한을 가진다.

동해어업관리단의 어업지도선 '무궁화 7호'.

한다. 이러한 방식의 어업은 어쩔 수 없이 크고 작은 물고기가
무분별하게 혼획되기 때문에 제한을 받고 있으며, 조업이 불가
능한 금지 구역이 설정되어 있다.

　당시 현장도 '동해구외끌이 중형저인망어업' 조업 금지 구역
이자 '서남해구 쌍끌이기선저인망 어업' 조업 한계선을 넘은 한
일 배타적경제수역의 경계 부근이었다. 우리는 조타실에서 초
단파VHF 무전기를 통해 어선과 소통을 시도했다. 선박으로 다
가가며 여러 차례 경계선에서 멀어질 것을 요구했으나 아무런
대답이 없어 어업지도선에서 경적을 울렸다. 그러자 이내 쌍끌

이 저인망 어선에서 무전기로 회신을 줬다. 그 이후 다행히 어선과 소통이 됐고, 경계에서 멀어지는 것을 목격하고 배를 돌렸다.

그런데 2024년 3월 16일, 해양경찰이 경남 통영 욕지도 인근 해상에서 불법조업을 하다 도주한 어선 두 척을 검거했다는 기사가 올라왔다.[32] 역시나 대형 쌍끌이 저인망 어선이었다. 욕지도 남서쪽 약 64.8킬로미터 해상이라고 하는 것으로 보아 앞서 쌍끌이 저인망 어선을 목격한 곳에서 그리 멀지 않은 곳임을 알 수 있었다. 역시나 그 이후로도 조업 금지 구역에서의 쌍끌이 저인망 불법조업이 빈번하게 일어난 것으로 보였다.

심지어 이 뉴스가 보도되기 이틀 전엔 욕지도 인근에서 쌍끌이 저인망 어선이 침몰해 선원 네 명이 숨진 사고가 있었다.[33] 해당 어선은 원래 삼치잡이 배였는데 그날엔 정어리를 잡고 있었다. 양식장 사룃값이 폭등하면서 생사료로 사용하는 정어리의 몸값이 덩달아 뛰어 정어리를 어획한 것이다. 기사에 따르면, 그날따라 어황漁況이 좋아 많은 양의 정어리를 어획했다고 한다. 그런데 수협 위판 시간에 맞추기 위해 서둘러 작업을 하느라 어획물을 어창魚艙*에 보관하지 않고 선미 갑판에 엉성하게 쌓아두었고, 그 탓에 배가 기울며 침몰한 것이다. 정말 안타깝고 가슴 아픈 사고였다.

그런데 이 사고가 일어난 욕지도 인근 해역도 대형 쌍끌이

---

* 어획물을 보관해 두는 어창은 갑판 밑에 조성한다. 무게중심을 낮춰 선박복원성을 높이기 위함이다.

저인망 조업 금지 구역이었다. 그러므로 해당 선박이 불법조업을 한 것인데, 이러한 사실을 숨기기 위해 위치 발신 장치인 V-PASS를 끄고 조업했다고 한다.

우리나라는 조업 금지 구역 위반을 중대한 불법행위로 규정하고 있다. 해양생태계에 큰 영향을 줄 수 있는 위험한 행위이기 때문이다. 그래서 정부에서도 수년 전부터 규제를 강화하기 위해 노력해 왔는데,[34] 돌연 2023년부터 태도를 바꿔 규제 완화로 노선을 변경했다[35]

단순한 조업 금지 구역 위반은 국내법 차원의 문제이지만, 만약 우리의 해역을 넘어 다른 나라로 침범하는 순간 국내법을 초월해 해당 수역을 관할하는 국가의 법령에 의해 처벌받게 된다. 여기에 더하여 외교적인 문제까지 불거질 수 있다. 자국민의 안전에 대한 책임과 의무가 있는 정부로선 이러한 불법행위가 상대 국가와의 외교에 있어 약점이 될 수밖에 없기 때문이다.

실제로 주변국이 협정에 있어 유리한 고지를 점하기 위해 다른 의도를 갖고 우리 어선을 나포한 사례가 여럿 있다. 일례로 1997년 일본 해상보안청에 우리 어선이 나포된 적이 있다. 수역을 잘 지킨 합법적 어업활동을 하던 어선이었는데도 말이다. 당시 일본은 한일어업협정을 준용하지 않고 자체적으로 직선기선을 그어 영해를 설정했고, 그에 따라 우리 어선을 나포했다.[36] 다행히 일본 법원이 일본 정부가 일방적으로 설정한 직선기선을 인정하지 않는다는 판결을 내리며 사건이 일단락되었지만, 국가 간 경계에서의 어업활동이 외교적인 문제로 번질 수 있다는 것을 깨닫게 해준 사건이었다. 실제로 경계를 넘었든 넘지 않았든, 우리 어선의 피랍은 외교적 리스크로 작용할 수밖에 없다. 수협에서 공개하고 있는 자료를 보면 지금도 거의 매년 우리 어선이 일본에 나포되고 있다는 것을 알 수 있다.

단순히 경제적 이득 때문에 타국의 배타적경제수역까지 넘나드는 것을 막으려면 무엇보다 강력한 제재 수단이 필요하다. 그런데 오히려 규제가 완화되려 하고 있으니 또다시 국가의 이미지를 실추할 국제적 IUU 어업이 발생하지 않을지 걱정된다. 언제나 긴장이 풀리는 순간 사고가 발생하는 법이다.

고래 이야기

해양 포유류의 상징이라 할 수 있는 고래. 바다에서 고래가 자유롭게 유영하는 모습을 직접 목격하면 엄청난 감동이 가슴에 밀려온다. 이번 장에서는 상상만 해도 경이로움이 느껴지는 고래에 대해 이야기해 보려 한다.

우리 바다에도 고래가 살아간다. 먼저, 서해에는 국제적 멸종위기종이자 우리나라 토종 돌고래인 상괭이가 있다. 수줍음이 많은 동물로 아주 잠시 수면으로 올라와 빠르게 호흡을 하는데, 안 그래도 서해는 물이 탁한 편이라 찾아보기가 꽤 힘들다. 이런 상괭이의 최대 서식지가 바로 우리나라다. 그런데 우리나라에서도 최근 들어 상괭이의 수가 급격히 줄어들고 있다.

그 가장 큰 원인은 어망, 바로 안강망이다. 상괭이가 먹이를 쫓아 자루 모양의 그물 안으로 들어갔다가 그물에 걸리고 있는 것이다. 돌고래는 물속에서 숨을 쉴 수 없기 때문에 그물에 걸려 물 위로 떠오르지 못하면 그대로 죽을 수밖에 없다. 여기에 더해 개발과 환경오염 등의 악재가 더해져 2005년 3만 6000마리에 달하던 국내의 상괭이는 불과 6년 만에 1만 3000마리로 급감했다. 지금도 한 해 1100여 마리에 이르는 상괭이가 폐사하고 있다.

'제주' 하면 떠오르는 남방큰돌고래도 있다. 광어 양식장의 물이 빠지는 시간에 양식장 주변으로 자주 모인다는 제보가 있는데, 안타깝게도 광어 양식장에서 폐사하거나 병들어 떠내려온 광어를 주워 먹고 있을 가능성이 크다. 제주 서귀포 대정읍 해안가에 가면 쉽게 남방큰돌고래를 볼 수 있으므로 무리해서 돌고래 무리에 접근하는 유람선을 탈 필요가 없다. 제주에서 활동하는 활동가들과 연구자들에 따르면, 선박이 나타나면 어린 개체를 보호하기 위해 건강한 개체가 유람선을 밖으로 유인한다고 한다. 돌고래 유람선이 돌고래들에겐 위협이 된다는 방증이다. 그리고 수심이 깊은 동해에는 밍크고래, 참고래, 향고래가 있다. 그런데 안타깝게도 어망에 밍크고래가 걸려 죽었다는 기사와 그 고기가 유통되고 있다는 기사가 잊을 만하면 보도되고 있다.

한편 돌고래 산업 때문에 수족관에 갇혀 있는 돌고래들도 있다. 2024년 9월 기준, 우리나라 수족관엔 총 21마리의 고래

(위)제주 바다에서 무리 지어 헤엄치는 남방큰돌고래. (아래)울산에서 판매 중인 밍크고래 고기.

가 감금되어 있다. 거제씨월드에 큰돌고래 8마리 흰고래 3마리, 아쿠아플라넷 제주에 큰돌고래 4마리, 장생포 고래생태체험관에 큰돌고래 4마리, 롯데월드 아쿠아리움에 흰고래 1마리, 아쿠아플라넷 여수에 흰고래 1마리이다.[37] 이 중 가장 논란이 많이 되었던 곳은 역시 가장 많은 고래가 있는 거제씨월드이다. 2014년 개장 후 지난 10년간 15마리의 돌고래가 폐사해 '돌고래 무덤'이라 불리는 거제씨월드에서는 올 2월에도 돌고래 두 마리가 연이어 폐사했고, 9월에는 법으로 금지되어 있는 수족관 번식으로 태어난 새끼 돌고래가 10일 만에 폐사했다. 기사에 따르면 거제씨월드는 치료 중인 돌고래들도 쇼에 투입했는데, '노바'라는 이름의 돌고래는 2월 24일 쇼에 투입되고 불과 나흘 만인 28일에 폐사했다.[38]

2020년 여름 거제씨월드에 방문했다. '벨루가(흰고래) 서핑'으로 국민적 공분을 산 시기였다.[39] 현장에 도착하니 온도가 37도에 달했다. 추운 북태평양 지역에서 서식하는 벨루가에겐 찜질방이나 다름없는 장소였다. 게다가 위성지도로 확인해 보니 여섯 개의 수족관 중 가장 큰 수족관의 반지름은 약 13미터였다. 최대 5000제곱킬로미터의 행동반경[40]을 가진 벨루가에겐 아주 좁은 감옥에서 사는 꼴이다. 양식장도 마찬가지지만 이렇게 좁은 공간에 다수의 개체를 모아두면 세균 감염률이 높아진다. 스트레스와 질병을 유발하는 좁은 공간과 가혹한 노동. 고래들이 어찌 폐사하지 않을 수 있겠는가.

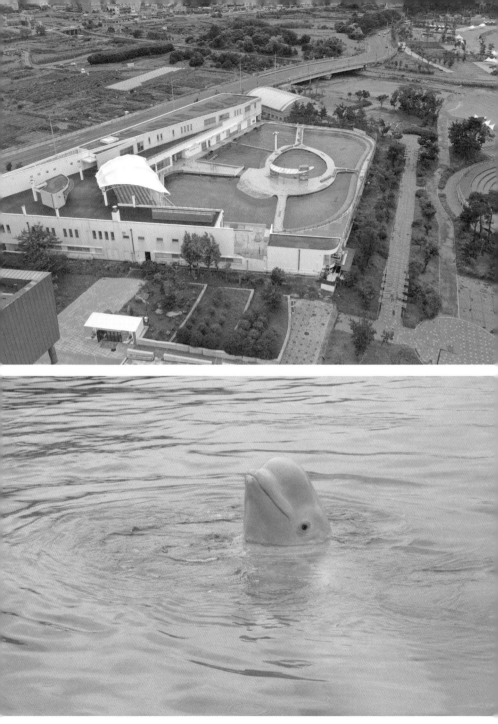

(위)거제씨월드 전경. (아래)거제씨월드의 벨루가.

해양 포유류 보호법

'해양 포유류 보호'는 내가 환경운동연합에서 활동하는 동안 주요하게 다루었던 일 중 하나였다. 수족관 돌고래 문제, 밍크 고래 고기 유통 문제, 어구에 의한 고래 혼획 문제 등이 우리나라에서 발생하는 고래 관련 주요 문제인데, 그중에서 내가 특히 집중적으로 파고든 문제는 고래 혼획 문제였다.

사적인 감정은 아니었다. 애초에 어업에서의 혼획 문제를 해결하면 고래 혼획 문제도 자연스레 해결될 일인데, 혼획 문제는 좀처럼 공론화가 되지 않았고 해결의 기미가 잘 보이지 않았다. 그런데 고래가 어망에 걸려 죽었다는 이야기는 생각보다 많은 이들에게 충격으로 다가갔다. 그래서 대중이 사랑하는 고래의 이야기를 더 널리 알리며 함께 어업 전반에서의 혼획 문제를 풀어보겠다는 일종의 전략을 세운 것이었다.

국립수산과학원 고래연구센터 자료에 따르면, 고래류와 물범, 물개를 포함한 약 36종의 해양 포유류가 우리 바다에 출현하고 있다.[41] 반면 미국에는 바다코끼리, 북극곰, 해달, 매너티, 듀공 등 좀 더 다양한 해양 포유류가 살고 있다. 그만큼 미국은 해양 포유류 보호에 있어 선진적인 법제를 갖고 있다.

미국에서 해양 포유류 보호법MMPA이 제정된 것은 1972년 10월 21일의 일이다. 그로부터 60일 뒤인 12월 21일 법안이 발효되었고, 올해로 52년 차에 접어들었다. '해양 포유류 보호법'은 말 그대로 바다에서 살아가는 포유류를 보호하는 법안이다. 미국은 이 법에 따라 해양 포유류에 영향을 미치는 '행위take'를 제한하고 있는데, 여기서 말하는 미국 법령상 '행위'는 괴롭힘, 포획, 살상 등의 폭넓은 의미를 지닌다.⁴² 낚시부터 사냥, 어업은 물론 건설이나 개발사업 등 여러 분야에 광범위하게 적용되는 개념이다. 심지어 미국 해양대기청은 바다에서 소음을 발생시키는 일까지도 해양 포유류에 영향을 줄 수 있는 행위로 보고 사전에 행위에 대한 허가를 받도록 하고 있다.⁴³ 군사 활동, 석유와 가스 탐사 및 개발 행위, 기타 에너지 활동, 연구나 건설 행위 등이 이에 해당한다. 또 해양 포유류 혼획은 물론 해양 포유류를 이용하여 만든 기념품이나 조각의 수입도 규제하고 있으며, 해양 포유류 관련 사항을 담당하는 부서도 따로 존재한다. 이처럼 미국은 급격하게 개체 수가 줄고 있는 해양 포유류를 보호하기 위한 제도적 장치가 단단하게 마련되어 있다.

미국 해양 포유류 보호법 기준으로 보면, 우리나라에서 매년 천여 건 이상 발생하고 있는 안강망으로 인한 상괭이 폐사 사건이나 불법 밍크고래 포획 및 유통, 해양생물을 고려하지 않은 제주의 돌고래 근접 관광 등은 모두 불가능한 일이다. 그런데 한국에서는 2024년에도 만들어지지 않는 법이 어떻게 미국에선 1972년에 제정되었을까.

1960년대 NBC에서 방영한 〈플리퍼Flipper〉라는 TV 시리즈가 있다. 이 드라마는 돌고래가 주인공으로 나오는 일종의 모험극인데 당시 미국에서 선풍적 인기를 끌었고, 그 영향으로 돌고래 수족관과 돌고래쇼가 급격히 늘어나며 돌고래 산업이 시작되었다. 그런데 드라마 방영 종료 후 비극적인 사건이 일어난다. 돌고래 플리퍼 역을 맡은 다섯 돌고래 중 하나였던 캐시 Kathy가 드라마가 끝난 후 자살한 것이다. 캐시는 수조에서 갇혀 지내며 스트레스로 괴로워하다 스스로 호흡하기를 멈추었다. 이 사건으로 미국 사회는 큰 충격에 빠졌다. 이런 분위기 속에 환경단체들의 거센 요구가 이어졌고[44] 결국 해양 포유류 보호법이 제정된 것이다. 물론 해양 포유류 보호법 제정이 정권에 대한 부정적 인식을 개선하길 바랐던 당시 닉슨 행정부의 이해와 맞아떨어진 결과라는 해석도 있다.[45]

캐시의 죽음은 수족관 생활이 해양 포유류에 야기하는 문제와 야생 개체에 대한 무단 포획 문제를 대중들에게 알리는 계기가 됐다. 지금은 다큐멘터리 영화 〈더 코브: 슬픈 돌고래의 진실〉로 잘 알려진 세계적 돌고래 활동가 릭 오베리Ric O'Barry가 바로 캐시의 사육사였다. 릭 오베리는 캐시가 자신의 품에서 스스로 목숨을 끊자 큰 충격을 받고 수족관 돌고래 문제와 야생 고래 불법 포획을 외부에 알리는 활동가로 전향하였다.

우리나라도 미국처럼 해양 포유류 보호법이 제정된다면 고래를 죽이고 있는 어망부터 변화가 시작될 것이다. 그리고 고래 고기가 식용으로 유통되는 일도 사라질 것이며 유람선이 남방큰돌고래를 쫓아다니면서 위협하는 일 또한 없어질 것이다. 당연히 반발도 있을 것이다. 2020년 한 언론사에서 고래 때문에 대게 조업이 한 달 미뤄져 불만이 높아진 한 미국의 어민을 취재했는데,[46] 우리나라도 해양 포유류 보호법이 제정된다면 이 같은 기사를 수도 없이 보게 될 것이다. 그럼에도 불구하고 나는 해양 포유류 보호를 위한 법 제정은 '바다와의 공존'으로 이어지는 계기가 될 것이라 믿는다.

　우리 바다에서 살아가는 해양 포유류를 보호하는 장치를 만드는 데 있어 최우선적으로 필요한 것은 단연 시민들의 관심이다. 사회 구성원들의 인식의 변화 없이 정책 변화를 이끌기는 힘들기 때문이다. 그렇다면 나와 같은 활동가의 역할은 그 변화의 순간이 올 때까지 끊임없이 현장의 이야기를 시민들에게 전달하는 일이 될 것이다. 이 책 또한 그러한 활동의 일환이다. 부디 이 책이 해양 포유류 보호 제도 마련에 아주 작은 보탬이라도 될 수 있길 소망해 본다.

파파히노모쿠아키아 일돌.
©NOAA/FLICKR

유해 수산
보조금

2022년 12월 '자연을 위한 파리협정'으로 불리는 제15차 생물다양성협약 당사국 총회COP15에서 '쿤밍-몬트리올 글로벌 생물다양성 프레임워크GBF'가 채택되었다. 이는 생태계를 복원하고 생물다양성을 효과적으로 회복시키기 위한 합의인데, 육상과 해상의 최소 30퍼센트를 보호지역으로 지정해야 한다는 내용이다. 우리나라의 보호지역은 2023년 12월 기준, 육상 17.3퍼센트, 해상 1.8퍼센트에 그치고 있어, 약속된 2030년까지 보호지역 면적을 대폭 확장해야 한다.

　나는 이 협약에 특히 기대를 걸고 있다. 보호지역 확대에 대한 내용이 담겨 있을 뿐만 아니라 생태적으로 악영향을 끼치는 활동에 지원되는 보조금인 '유해 수산 보조금'을 근절하는 내용도 담겼기 때문이다. 이제 국가보조금이 생물다양성에 유해한 일이 아닌 유익한 일에 투입될 수 있길 바라며 관심을 갖고 지켜보고 있다.

2023년 6월 27일, 깜짝 놀랄 소식이 들려왔다. 중국이 세계무역기구의 유해 수산 보조금 철폐 정책에 동의했다는 것이다.[47] 예상외의 희소식이자 꽤 충격적인 소식이었다. 유해 수산 보조금 철폐 결의가 또 미뤄지거나 강대국들의 눈치를 보는 한국이 어쩔 수 없이 먼저 동의할 것이라고 생각하고 있었기 때문이다. 오랫동안 기다려온 국제적 합의였지만, 우리나라가 중국보다 늦었다는 사실에 자못 당황스러웠다.

특히 중국의 유해 수산 보조금 철폐 동의가 충격적인 이유는 중국이 소비하는 수산물의 양이 절대적이기 때문이다. 물론 1인당 소비량은 우리나라가 더 높지만,* 전체 소비량은 14억이 넘는 인구를 가진 중국이 압도적일 수밖에 없다. 어업 규모 또한 그렇다. 대규모로 이루어지는 중국의 어업은 해양 생태계에 다른 국가들보다 더 큰 영향을 미치고 있다.

이런 중국의 유해 수산 보조금 철폐 동의는, 우리나라를 비롯한 전 세계 어업 국가에 '이제는 중국 뒤에 숨지 말라'는 메시지를 전달했다. 그동안 많은 나라가 유해 수산 보조금을 중단

---

* 세계식량기구에서 2019년 정리한 세계 수산물 소비량에 따르면 우리나라가 아이슬란드, 몰디브, 포르투갈에 이어 4위를 기록했다.

할 수 없는 이유로 꼽은 것이 바로 중국이었다. 중국이 유해 수산 보조금을 계속 지급하는 이상 자국 어업을 보호하기 위해서 유해 수산 보조금 지급을 중단할 수 없다는 논리였다. 실제로 나도 이해관계자들이나 공무원을 만나면서 가장 많이 들은 소리 중 하나가 "우리에게 그만 얘기하고 중국부터 해결하세요!"였을 정도다.

2023년 8월 초, 해외 활동가들과 만난 자리에서 중국의 유해 수산 보조금 철폐 결의 수용을 주제로 이야기를 나누었는데, 하나같이 눈이 동그래져서 놀랍다는 반응을 보였다. 중국과 러시아는 이른바 '언터처블' 국가인 데다 유엔 상임이사국의 지위를 갖고 있기 때문에, 국제적으로 불법 어업 근절이나 유해 수산 보조금 철폐를 요구해 왔지만 실제로 이에 동의할 것이라는 기대는 크진 않았다. 그런데 그런 중국이 공식적으로 유해 수산 보조금 철폐 결의를 수용했으니, 현장에서 뛰는 활동가들의 온몸에 전율이 흐르는 순간이 아닐 수 없었다. 중국이 동의하고 일주일 뒤인 2023년 7월 3일 일본도 유해 수산 보조금 철폐 결의를 수용했다.

시민사회와 연구자들이 유해 수산 보조금 문제를 인지한 것은 지금으로부터 20여 년 전의 일이다. 그 이후 지속적으로 세계무역기구에 유해 수산 보조금 문제에 대해 논의해 달라는 요구를 해왔고 지금에 이르렀다.[48] 그러니까 다른 시각으로 본다면 유해 수산 보조금에 대한 문제가 제기되고도 무려 20년 동안 해결책 없이 계속 논의만 진행되고 있다는 얘기가 된다.

해양생태계가 얼마나 더 파괴되어야 진정성 있는 논의가 진행될까.

다행히 우리나라도 2023년 10월 23일 세계무역기구의 유해 수산 보조금 철폐 결의를 수용했다. 그러나 예상컨대 국내의 유해 수산 보조금이 완전히 사라기까진 상당한 시간이 걸릴 것이다. 세계무역기구 협정의 내용을 국내법으로 가져오는 데 필요한 절차와는 별개로, IUU 어업과 남획을 규정하고 보조금과의 인과관계를 찾는 데 상당한 시간이 소모될 것이기 때문이다. 또한 세계무역기구의 결의안이 협정으로 효력을 지니기 위해선 164개 세계무역기구 회원국의 3분의 2에 해당하는 109개국이 결의에 동의해야 한다. 걱정했던 러시아를 포함해 지금까지 46개국이 유해 수산 보조금 철폐에 동의했다. 그래도 큰 산을 넘었으니 목적을 이룰 수 있을지도 모르겠다는 긍정적인 생각이 든다.

2025년 2월 세계무역기구는 모든 보조금 금지에 대한 협상을 재개할 예정이다. 우리는 이 협상에 관심을 갖고 세심히 모니터링을 할 필요가 있다. 그리고 정부가 앞으로 유해 수산 보조금을 어떻게 규정하는지도 관심을 두고 지켜봐야 한다. 우리나라를 기준으로 삼는 나라도 많을 것이다.

한국은 세계 유해 수산 보조금 지급 국가 상위 10위 안에 드는 국가다. 자료에 따르면, 우리나라 유해 수산 보조금 총액은 약 15억 달러로 한화로 2조 원이 넘는데, 이는 중국 58.8억 달러, 일본 21억 달러에 이어 세계에서 세 번째로 높은 수준이다.[49] 이 중 배타적경제수역을 포함하는 관할해역 내에서 사용된 유해 수산 보조금은 전체 유해 수산 보조금의 68퍼센트에 달하는 것으로 분석하고 있다.[50] 한편 캐나다 브리티시컬럼비아대학교는 "세계 유해 수산 보조금의 20~37퍼센트가 공해나 관할수역 외곽 지역에서의 어업에 지원된다."라고 밝히고 있다.[51] 물론 해양생물에겐 국경이 없고 결국 유해 수산 보조금 문제는 모든 국가의 문제이지만 말이다.

수산 보조금은 결국 어업 행위의 경제성을 높여주는 보조금이다. 하지만 그 보조금이 해양생태계에 악영향을 끼치는 어업에 사용된다면, 결과적으로 수산 보조금이 지속 가능한 어업에 부정적인 영향을 끼치는 셈이 아닌가. 그렇다면 지속 가능한 어업을 위해 앞으로 정부의 예산은 어떤 곳에 투입되는 것이 좋을까. 가장 우선적으로 신경 써야 할 것은 해양생물들이 안전하게 산란하고 서식할 수 있는 해양보호구역의 확대 및 관리다.

인간 활동이 없는 해양보호구역에서 해양생물이 증가해 그 영향이 주변 바다로 퍼진다는 연구 결과는 이미 수없이 나왔다. 대표적인 사례가 영국 플리머스대학교의 라임만Lyme Bay 연구이다. 플리머스대학교는 라임만이 해양보호구역으로 지정된 2008년부터 라임만을 조사하고 있는데, 라임만 해양보호구역 지정 후 라임만 어종의 수가 다른 상업 조업 지역보다 무려 네 배 이상 많아졌다.[52] 불과 11년 만의 일이었다.

해양자원, 생태계, 문화유적을 관리하기 위해 지정하는 해양보호구역은 인간의 행위 제한을 엄격하게 규정한 '사용 금지 구역No-Use Zone', 어업을 금지한 '어업 금지 구역No-Take Zone', 레저, 어업 등 다양한 인간 활동이 가능한 '다목적 구역Multi-Use Zone', 다목적 구역과 어업 금지 구역의 생태적 충격을 막는 '완충 구역Buffer Zone'으로 구분한다.[53] 영국 라임만의 경우 어업 금지 구역이었다. 단순히 인간이 어업활동을 멈춘 것만으로 놀라울 정도의 속도로 생물다양성이 회복된 것이다.

미국 파파하노모쿠아키아Papahānaumokuākea 사례도 있다. 파파하노모쿠아키아는 하와이 군도에서 북서쪽으로 약 250킬로미터 떨어진, 작은 섬들과 환초들의 거대한 군락이다. 이곳은 2006년에 조지 워커 부시George W. Bush 정부에 의해 해양국립기념물로 지정되며 해양보호구역이 되었다. 이후 2016년 오바마 정부가 그 규모를 넓혀 해양보호구역의 크기는 약 150만 제곱킬로미터가 되었고, 지금까지도 최대 어업 금지 구역으로 남아 있다. 무려 스페인 영토의 세 배, 우리나라 영토의 열다섯 배에 달하는 면적이다. 2022년 10월 20일 학술지 『사이언스Science』에 게재된 논문에는 어업활동을 제한한 파파하노모쿠아키아의 '넘침 효과Spillover effect'로 인해 태평양 황다랑어의 개체 수가 54퍼센트 증가하고 눈다랑어의 개체수가 12퍼센트 증가했다는 연구 결과가 실렸다. 그뿐 아니라 논문은 하와이 일대 대규모 해양보호구역 지정이 모든 해양생물의 개체 수를 8퍼센트나 증가하게 했다고 판단했다.[54] 이것이 사실이라면 지속 가능한 어업을 위해서 보호지역을 확대할 필요성이 있다는 것이

입증된 것이나 다름없다.

　우리는 장기적인 관점으로 인류와 바다가 공존할 수 있는 환경을 만들기 위해 노력해야 한다. 현장에서 만난 어민들은 하나같이, 나날이 나빠지는 해양환경과 줄어드는 어획량 얘기를 하면서 어업으로 생계를 이어나갈 날이 머지않은 것 같다고 말했다. 이제 해양생태계의 회복을 위해서 '유해 수산 보조금'을 '유익 수산 보조금'으로 바꾸어야 할 때다. 해양생태계를 파괴하는 어업을 지원해 주기보단 해양보호구역 확대와 관리에 힘을 쏟는다면 바다는 반드시 회복될 것이다. 그리고 그것은 분명히 인류와 바다의 공존으로 이어질 것이다.

공존을 위한
제안

가장 중요한 건 우리 시민의 요구다. 바다를 아끼고 함께 공존하고 싶다는 시민들의 요구 없이는 정부와 이해관계자들을 설득할 수 없다. 우리가 관심을 갖지 않으면 횡행하는 불법 행위를 막을 수 없고 정책은 그저 일부의 이해만을 좇을 것이다. 그러므로 우리가 강하게 요구하고 정책을 이끌어 내야 한다.

우리 바다를 복원하고 보전한다는 목표를 달성하기 위해선 온갖 수단을 동원해야 한다. 강력한 규제 시스템과 해양환경 보호 제도가 필요하고 이를 만들기 위해서는 수많은 전문가들과 현장에 있는 이들이 머리를 맞대야 할 터인데, 그에 앞서 이 책의 마지막 장을 빌려 해양생태계를 위한 몇 가지 제안을 하고자 한다.

　우선 어업 과정이 투명해야 하고 정부에서 추적이 가능하도록 해야 한다. 누가, 언제, 어디서, 어떤 방법으로 어떤 선박을 이용해 어떤 어종을 얼마나 잡았는지에 대한 명확한 데이터가 수집되어야 할 것이다. 이런 데이터를 기반으로 연근해 자원의 양을 정확하게 파악하고 그때그때 어업의 강도를 조절할 수 있는 제도를 갖추어야 한다.

　데이터의 정확도를 높이기 위해선 원양어업에서 실시하고 있는 것처럼 알맞은 장소에서 어획물의 무게를 측정하고 어획확인서를 발급해야 한다. 그리고 어획확인서 없이는 유통이 불가능하게 해야 하는데, 이런 내용이 담긴 '지속 가능한 연근해 어업 발전법' 제정안의 입법예고가 2023년 5월 3일 있었고 11월 30일 국회에 제출되었으나 아직 감감무소식이다. 총선을 1년 앞둔 입법예고라 쉽지 않을 것 같긴 했는데, 불안한 예측은 슬프게도 현실로 반영되었다.

　자주 바뀌는 정책을 어민과 지도 단속 공무원이 쉽게 확인할 수 있는 시스템도 필요하다. 나 또한 지난 7년 동안 계속 바뀌는 정책 때문에 많은 혼란을 겪었다. 수산업과 해양 보전에 관한 법률이 워낙 많다 보니 하나씩 확인하는 게 쉬운 일이 아니다. 앞으로도 수산 관련 법령은 계속 바뀔 것이다. 선거철이나 정부의 지지도가 낮을수록 더 거침없어지는 편인데, 해양환경 관련 정책 기조가 흔들리면 어업에 종사하는 어민과 현장에서 어민을 지도하는 공무원 등 모든 이해관계자는 혼란에

빠질 수밖에 없다.

그래서 제안하고 싶은 것이 '어업 정보 통합 관리 시스템'이다. 이는 태국이 IUU 어업 국가로 지정된 후 태국 정부에서 개발한 시스템에서 고안한 것이다. 태국은 우리나라 조업감시센터와 비슷한 30개의 'PIPO^Port In Port Out 센터'를 운영하고 있다. 그리고 2017년 11월 'ePIPO'라는 애플리케이션까지 만들었다. 태국 정부가 만든 이 애플리케이션은 어민이 직접 접속하여 선장이나 탑승 선원에 대한 정보를 입력할 수 있게 되어 있다. 선박의 위치 역시 확인 가능하며 태국 정부는 이 시스템을 이용해 현장에서 안면 인식으로 본인 여부를 확인한다.

우리나라 또한 우리나라 실정에 맞는 통합 관리 시스템이 필요하다. 어민이 간단하게 어종별 금지 체장, 금어기, 조업 위치, 주의해야 할 법규 등 다양한 정보를 확인하고 지도 단속 공무원들이 인적 사항, 면허, 선박 정보, 어구 정보 등을 파악할 수 있다면 파도가 치는 바다 위에서 어민과 공무원이 실랑이를 벌이는 일도 사라지게 될 것이다. 또한 위판장에서 정확한 어획 정보를 확인할 수 있다면 불법 어획물이 유통되는 것을 쉽게 막을 수 있고 소비자들도 안심하고 수산물을 섭취할 수 있을 것이다. 일본에서 방사성 오염수를 바다로 내보내는 지금과 같은 민감한 시기에 이런 시스템이 존재한다면 얼마나 좋을까.

연근해 어업을 지도하고 감시하는 관제 센터도 필요하다. 원양어업을 통제하기 위해 만든 조업감시센터의 연근해 어업 버전으로 보면 된다. 흔히 '무궁화'라고 부르는 어업지도선은 서

해어업관리단에 13척, 남해어업관리단에 12척, 동해어업관리
단에 15척* 배치되어 있다. 총 40척이다. 약 43.8만 제곱킬로미
터에 달하는 우리 해역을 통제하기에는 너무 부족한 양이다.
어업지도선은 통상적으로 삼교대로 투입되기 때문에 실제로
바다에 떠 있을 수 있는 어업지도선은 그 수가 훨씬 적은 데다,
배에 문제가 발생했을 때 교체 투입할 수 있는 여분의 어업지
도선도 필요하므로 더 많은 어업지도선을 갖춰두어야 한다. 어
선을 건조하는 데 드는 비용을 연근해 어업지도선 운용하는
데 사용한다면 조업 구역 위반, 타국 배타적경제수역 침범, 해
양보호구역 침입 등 다양한 위반 사항을 점검할 수 있다.

마지막으로, 인간의 개입을 제한하는 해양보호구역을 확대
하고 관리를 강화해야 한다. GBF에 따라 2030년까지 해양보
호구역을 30퍼센트까지 확대해야 하는데 아직 갈 길이 멀다.
우리나라 바다의 면적이 약 43.8만 제곱킬로미터이므로 해양
보호구역은 13만 1400제곱킬로미터 이상이 되어야 한다. 그러
나 세계자연보전연맹에서 운영하는 보호지역 현황 지도 '프로
텍티드 플래닛Protected planet'에 따르면 2024년 현재 우리나라 해
양보호구역의 면적은 7998제곱킬로미터밖에 되지 않는다.**
무려 12만 3402제곱킬로미터가 더 필요한 상황이다. 과연 앞
으로 약 5년 동안 이렇게 넓은 면적을 해양보호구역으로 지정

* 2024년 4월 9일 기준.
** 2024년 4월 9일 기준.

하는 것이 가능할까.

 해양보호구역을 확대하기 위한 몇 가지 방법이 있다. 하나는 우리나라와 일본, 중국 배타적경제수역의 경계 부근을 해양보호구역으로 설정하는 것이다.* 사실 영해 내에서는 어업, 선박의 항로, 군사시설 등으로 인해 해양보호구역을 넓히는 게 쉽지 않다. 그나마 갯벌을 습지보호지역으로 조금씩 확장하고 있지만, 2030년까지 우리 바다의 30퍼센트를 해양보호구역으로 지정하려면 좀 더 큰 단위의 해양보호구역 지정이 필요한 상황이다. 외교가 필요한 일이지만, 중국과 일본 역시 2030년까지 해양보호구역을 확대해야 하므로 한중일 정부 입장에서도 한중잠정조치수역과 과도수역, 한일 중간수역은 충분히 해양 보호 구역으로 이용할 가치가 있을 것이다.

 또 다른 방법은 우리나라 무인 도서 중 '절대보전 무인도서'와 '준보전 무인도서'의 주변 해역을 해양보호구역으로 지정하는 것이다.** 영해 내에 해양보호구역을 확대할 수 있는 좋은 방법이다. 우리나라 총 3348개의 섬 중 무려 2918개***의 섬이 무인 도서다. 무인 도서는 절대보전 무인도서(140개)와 준보전 무인도서(550개) 그리고 이용가능 무인도서와 개발가능 무인도서로 나뉜다. 총 690개의 절대·준보전 무인도서 중 이미 해

---

* 신재은 재단법인 숲과나눔 풀씨연구소 캠페이너의 제안이다.
** 류종성 환경운동연합 바다위원회 위원장의 제안이다.
*** 2024년 4월 9일 기준.

양보호구역으로 설정되어 있는 해상국립공원이나 천연보호구역을 제하면 109개의 섬이 남는다. 이 109개의 도서에 반경 1해리의 해양보호구역을 설정하면 약 1000제곱킬로미터에 달하는 해양보호구역이 확보된다.* 여기에 더해 해양보호구역을 네트워크 단위로 묶어 확대하면 2030년까지 충분히 해양보호구역을 30퍼센트 수준까지 확대할 수 있다.

제시한 두 가지 방법 이외에도 수많은 방법이 있을 것이다. 정말 많은 정책과 방안이 한 번에 톱니바퀴처럼 맞물려 굴러간다면 분명 병든 해양생태계는 되살아날 것이다. 그렇게 해양생태계가 되살아나게 된다면 우리는 앞으로도 바다와 공존을 생각할 수 있을 것이다.

---

* 상당히 보수적으로 계산한 결과다. 무인도서 지리정보 데이터가 실제 지도보다 작고 불안정하기 때문에 정확한 데이터로 다시 계산하면 더 큰 면적이 나온다.

닫는 글

감사의 말

고마운 분들이 너무 많습니다. 먼저, 언제나 지지해 주고 격려해 준 가족에게 고맙다는 인사를 전합니다. 사랑하는 아들 동현이의 존재는 언제나 활동에 큰 동력이 되어주었습니다. 아이가 자라는 걸 지켜보는 부모였기에 생태계를 착취의 대상이 아닌 공존과 협력의 대상으로 바라볼 수 있었습니다. 우리 아이들에게 더 큰 짐을 넘길 순 없으니까요.

글을 쓰는 과정에서 제게 많은 것을 알려주시고 기둥처럼 지지해 주신 시민 단체의 어르신들과 부족함이 많은 제자에게 지지를 보내주신 은사님들께 감사의 인사를 올립니다. 모든 분의 성함을 적으며 감사를 표하고 싶지만, 그것만으로도 책 한

권이 나올 것 같아 차마 엄두를 내지 못했습니다.

　선후배 활동가들을 비롯하여 전국의 모든 환경운동 동지들에게도 고개 숙여 고맙다는 말을 올립니다. 자신의 삶을 바쳐 환경을 지키고 계신 많은 분이 계십니다. 이 지면을 빌려 존재해 주심에 감사드린다는 말씀 전합니다.

　부족한 글을 책으로 만들어주신 도서출판 흠영의 공재우 편집자님께도 감사의 말씀을 전합니다. 사회적으로 의미 있고 가치 있는 책을 펴내는 흠영에서 책을 출간하게 되어 활동가로서 더할 나위 없는 영광이라 생각합니다.

　마지막으로, 이 책을 선택해 주신 독자 여러분께도 감사의 인사를 전하고 싶습니다. 진심으로 고맙습니다. 우리 바다의 모습을 담은 이 책이 우리 사회가 변화해 가는 데 있어 조금이나마 보탬이 되길 소망해 봅니다.

주

1부 쓰레기로 뒤덮인 바다

1 최우리, 「지난해에도 116만t의 쓰레기를 바다에 버렸다」, 한겨레, 2014년 03월 14일.

2 NOAA, 「What is ghost fishing?」, 2024년 6월 16일.

3 NOAA, 「2015 NOAA Marine Debris Program Report—Impact of "Ghost Fishing" via Derelict Fishing Gear」, 2015년 3월, 6쪽.

4 해양수산부, 「제1차 수산식품산업 육성 기본계획(2021~25년)」, 2021년 2월, 1쪽.

5 Ellen MacArthur Foundation, 「The new plastic economy. Rethinking the future of plastics」, 2016년, 17쪽.

6 Maria Tsakona 외 16인, 「Drowning in Plastics—Marine Litter and Plastic Waste Vital Graphics」, 2021년, 17쪽.

7 Laura Parker, 「Plastic trash flowing into the seas will nearly triple by 2040 without drastic action」, National Geographic, 2020년 7월 24일.

8 Nicolle Portilla, 「Plastic Pollution in The Ocean—2024 Facts and Statistics」, rts, 2023년 12월 30일.

9 조선우, 「아귀 뱃속에서 5백ml 페트병 발견…"해양 쓰레기 대책 세워야"」, KBS, 2018년 1월 23일.

10 Rachel Hurley·Jamie Woodward·James J. Rothwell, 「Microplastic contamination of river beds significantly reduced by catchment-wide flooding」, 『Nature Geoscience』, 11, 2018년, 251~257쪽.

11 유미지, 「유엔 환경총회서 2개의 플라스틱 결의안 팽팽…파리협약 버금가는 조약 나올까?」, 임팩트온, 2022년 2월 28일.

12 한민지, 「한국법제연구원, 플라스틱 오염 종식을 위한 제2차 정부간협상위원회 회의 주요내용과 함의」, 한국법제연구원, 2023년 11월 14일.

13 강동균, 「'쓰레기 수입 대국' 중국의 변심…"더 이상 들여오지 않겠다"」, 한국경제, 2017년 7월 21일.

14 전병남, 「'필리핀 불법 수출' 쓰레기 6천 톤, 다시 가져온다」, SBS, 2019년 1월 4일.

15 백경열, 「경북 의성군 '폐기물 쓰레기 산'에서 이틀째 연기 피어올라」, 경향신문, 2018년 12월 3일.

16 환경부가 제공한 연도별 「전국 폐기물 발생 및 처리현황」과 「지정폐기물 발생 및 처리현황」을 근거로 산출해 낸 지표누리의 자료.

17 경수현, 「日후쿠시마 원전 오염수 4차 방류 개시…17일간 7천800t」, 연합뉴스, 2024년 2월 28일.

18 Calvin Yang, 「Scientists say Fukushima nuclear water released into the ocean is safe, but should we be worried?」, CNA, 2023년 7월 5일.

19 이재성, 「안전한 오염수? 일본의 '상습적 거짓말' 눈 감는 윤 대통령 [논썰]」, 한겨레, 2023년 6월 3일.

20 고상원, 「"후쿠시마 오염수 방출, 30년 이상 지속…일본 정부 문제 축소"」, 미디어 제주, 2023년 5월 8일.

21 Michael Hill, 「New York governor blocks discharge of radioactive water into Hudson River from closed nuclear plant」, AP News, 2023년 8월 19일.

22 이정호, 「일 오염수 정화해도 '기준 초과 핵종 6개'」, 경향신문, 2023년 6월 27일.

23 환경부·한국환경공단, 「2022년 전국 폐기물 발생 및 처리 현황」, 2023년, 17쪽.

24 허호준, 「'관광 제주'는 좋은데 쓰레기 섬 될라…관광객 폐기물 실태조사」, 한겨레, 2022년 4월 28일.

25 백나윤, 「전국 동서남해안 쓰레기 조사 결과 미세플라스틱 주원인 '담배꽁초' 1위, '폭죽', '일회용 마스크' 눈에 띄어」, 환경운동연합, 2020년 9월 4일.

26 Ocean Conservancy, 「2023 REPORT」, 2023.

27 환경부, 「담배꽁초 관리체계 마련 연구용역」, 2020년 5월, 1쪽.

28 환경부, 위의 보고서, 27쪽.

29 환경부, 위의 보고서, 28쪽.

30 해양수산부, 「제5차 양식산업 발전 기본계획('24~'28)」, 2023년 11월, 3쪽.

31 해양수산부, 「2023/2024년도 면허양식장이용개발계획 기본지침」, 3쪽.

32 조윤식, 「거제한산만의 굴 양식장에 대한 GIS 기반의 적지선정과 양식용량 산정」, 부경대학교 박사 학위논문, 201년 2월, 112쪽.

33 김대영·이기영, 「굴양식업의 구조변화에 따른 재편 방향」, 『수산해양교육연구』, 34(3), 2022년, 407쪽.

34 고대로, 「'전국 생산량 60%' 제주광어 경쟁력 상실 '어쩌나'」, 한라일보, 2021년 1월 19일.

35 마창모·이윤숙·이상은, 「양어용 배합사료 사용 의무화 추진 방안」, 한국해양수산개발원, 2014년, 3쪽.

36 이정삼·류정곤·엄선희·황규환·이동림, 「어린물고기 남획실태 및 보호정책 연구」, 『KMI 현안연구』, 15, 한국해양수산개발원, 2018년 10월, 16~19쪽.

2부 사그라드는 생명

1 National Centers for Environmental Information(NCEI), 「Quantifying the Ocean Carbon Sink」, 2022년 8월 26일.

2 John Guinotte·Victoria J. Fabry, 「The Threat of Acidification to Ocean Ecosystems」, 『current: The Journal of Marine Education』, 25(1), 2009년, 2~6쪽.

3 FAO, 「Report of the Workshop on the Implementation of the 1995 FAO Code of Conduct for Responsible Fisheries in the Pacific Islands: a Call To Action」, 『FAO Fisheies Report』, 731, 2023년 10월.

4 FAO, 「Report of and Papers Presented at the Expert Consultation on Illegal, Unreported and Unregulated Fishing」, 『FAO Fisheies Report』, 666, 2000년 3월.

5 FAO, 『International plan of action to prevent, deter and eliminate illegal, unreported and unregulated fishing』, FAO, 2001년.

6 FAO, 『The State of World Fisheries and Aquaculture 2020』, FAO, 2020년, 54쪽.

7 해양수산부, 『원양산업 60년 발전사』, 해양수산부, 2018년, 661쪽.

8 Ganapathiraju Pramod 외 3인, 「Sources of information supporting estimates of unreported fishery catches (IUU) for 59 countries and the high seas」, 『Fisheries Centre Research Reports』, 16(4), University of British Columbia, 2008년, 102쪽.

9 Ganapathiraju Pramod 외 3인, 앞의 논문, 22쪽.

10 이보람, 「생활 속 유해물질 'PVC'에 대해 아시나요?」, 경향신문, 2014년 6월 3일.

11 이승욱, 「갯벌에 박힌 '불법 칠게잡이' 파이프 하루에만 130개 파내」, 한겨레, 2024년 6월 11일.

12 해양수산부, 「수산자원조성금 등 폐지로 영세 어업인·기업 부담 낮춘다」, 2024년 3월 31일.

13 조홍섭, 「지구상에 딱 10마리…판다 닮은 바키타 돌고래의 마지막 '희망'」, 한겨레, 2022년 5월 9일.

14 Michelle Mark, 「Customs officers seized $2.7 million worth of endangered fish bladders hidden inside a shipment of frozen fish fillets」, Business Insider, 2023년 6월 19일.

15 Andrea Crosta 외 4인, 『OPERATION FAKE GOLD』, EAL, 2018년 7월, 88쪽.

16 Naguales, 「The "Dragon Cartel" is beating Mexico's government on totoaba trafficking」, Dialogue Earth, 2021년 5월 10일.

17 Andrea Crosta 외 4인, 앞의 책, 88쪽.

18 NRDC, 「China Customs Cracks Down on Trafficking of Totoaba Swim Bladders」, NRDC, 2019년 1월 4일.

19 M.A. Cisneros-Mata·G. Montemayor-Lóez·M.J. Romá-Rodríuez, 「Life History and Conservation of Totoaba Macdonaldi」, 『Conservation Biology』, 9(4), 1995년 8월, 806~814쪽.

20 IUCN, 「Totoaba macdonaldi」, 『The IUCN Red List of Threatened

Species』, IUCN, 2021년, 10쪽.

21 고미혜, 「바키타 돌고래 20마리도 안 남았는데…멕시코 보호대책은 후퇴」, 연합뉴스, 2021년 7월 17일.

22 NMMF, 「Scientists begin bold conservation effort to save the vaquita porpoise from extinction」, NMMF, 2017년 10월 11일.

23 Elizabeth Pennisi, 「Update: After death of captured vaquita, conservationists call off rescue effort」, Science, 2017년 11월 9일.

24 조삼광·차봉진·김현영, 「서해안 안강망의 끝자루 망목크기에 따른 주요 어종의 어획과 혼획」, 『수산해양기술연구』, 한국수산해양기술학회, 제47권 제2호, 2011년, 89쪽.

25 JAPAN P&I CLUB, 「Stownet fishing season in Bisan Seto 2024-The expected navigable water area in the traffic lane during the peak season」, 『2024 JAPAN P&I NEWS』, 2024년 1월 24일.

26 Y. Nakamura, 「Observation on periodical growth rings in the statoliths of common squid(Todarodes pacificus)」, 『Report of 1984 Annual Meeting on Resources and Fisheries of squids』, 1985년, 재인용: 김정연 외 7인, 「북서태평양에 서식하는 살오징어(Todarodes pacificus) 계군 분석에 대한 고찰」, 『한국해양학회지: 바다』, 17(4), 2012년, 295쪽.

27 김동수·김재만, 「낙지(Octopus minor)의 배발생」, 『발생과 생식』, 10(2), 한국발생생물학회, 2006년 10월, 136쪽.

28 박경우, 「무안군, 낙지 금어기 맞아 '어미 낙지' 2만8000마리 방류」, 한국일보, 2023년 6월 20일.

29 위의 기사.

30 해양수산부, 「2023년 우리나라 수산물생산량은 전년보다 1.8%, 연근해생산량은 7.6% 증가」, 2024년 2월 23일.

31 이정삼 외 4인, 「어린물고기 남획실태 및 보호정책 연구」, 『KMI 현안연구』, 9, 한국해양수산개발원, 2018년 11월, 16쪽.

32 강미영, 「통영 욕지도 인근 불법조업 어선 2척, 2시간 50분 추격전 끝에 잡혀」, 뉴스1, 2024년 3월 16일.

33 김민진, 「'4명 사망' 제102해진호 V-PASS 끄고 '불법조업'했다」, 부산일보,

2024년 4월 3일.

34 해양수산부 공고 제2019-198호 「수산관계법령 위반행위에 대한 행정처분의 기준과 절차에 관한 규칙 일부개정령(안) 입법예고」.

35 수산관계법령 위반행위에 대한 행정처분의 기준과 절차에 관한 규칙 [별표] <개정 2023. 2. 3.>.

36 유승재, 「일본 법원, 일방적 직선기선 선포해 한국어선 나포행위, 불법 판결」, KBS, 1997년 8월 15일.

37 자료 출처: 해양환경단체 핫핑크돌핀스.

38 김지숙, 「"죽기 직전까지 약 먹이며 돌고래쇼"…거제씨월드 처벌 목소리」, 한겨레, 2024년 4월 18일.

39 김지숙, 「'20만원에 벨루가 등 타고 서핑'…거제씨월드 동물학대 논란」, 한겨레, 2020년 6월 19일.

40 R.C. Hobbs·K.L. Laidre·D.J. Vos·B.A. Mahoney·M. eagleton, 「Movements and Area Use of Belugas, Delphinapterus leucas, in a Subarctic Alaskan Estuary」, 『ARCTIC』, 58(4), 2005년 12월, 331쪽.

41 정명화·안지은·문석란·오서연·윤미경·홍혜수, 「해양포유류 보호에 관한 수산업 대응 방안 연구」, 한국해양수산개발원, 2020년 12월, 1쪽.

42 U.S. Fish&Wildlife Service, 「Incidental Take Authorizations for Marine Mammals」.

43 NOAA Fisheries, 「Incidental Take Authorizations Under the Marine Mammal Protection Act」.

44 정명화 외 5인, 『해양포유류 보호에 관한 수산업 대응 방안 연구』, 한국해양수산개발원, 2020년 12월 31일, 40쪽.

45 Katie Hogge, 「5 Things You Should Know About the Marine Mammal Protection Act」, Ocean conservancy, 2017년 10월 20일.

46 황장석, 「고래 보호하려니 어부가 우네」, 신동아, 2020년 1월 25일.

47 WTO, 「China formally accepts Agreement on Fisheries Subsidies」, WTO, 2023년 6월 27일.

48 Paulina Resich, 「A Global Deal to Tackle Harmful Fisheries Subsidies: A look behind the scenes」, IISD, 2022년 12월 6일.

49 Daniel J. Skerritt·U. Rashid Sumaila, 「Broadening the global debate on harmful fisheries subsidies through the use of subsidy intensity metrics」, 『Marine Policy』, 128, Elsevier, 2021년 6월, 6쪽.

50 Daniel J. Skerritt·U. Rashid Sumaila, 위의 논문, 6쪽.

51 Daniel J. Skerritt 외 12인, 「Mapping the unjust global distribution of harmful fisheries subsidies」, 『Marine Policy』, 152, Elsevier, 2023년 6월, 1쪽.

52 Alan Williams, 「Marine Protected Area status can boost fish populations by almost 400%」, University of Plymouth, 2021년 09월 09일.

53 Michael Orbach·L. Karrer·Les Kaufman·Giselle Samonte·J. Tschirky, 「Marine managed areas: what, why, and where」, Science to Action, 2010년 1월, 4쪽.

54 Sarah Medoff·John Lynham·Jennifer Raynor, 「Spillover benefits from the world's largest fully protected MPA」, 『Science』, 378(6617), 2022년 10월 20일.

바다의 고독

우리는 어떻게 바다를 죽이고 있는가

2024년 10월 11일 초판 1쇄 펴냄

지은이 이용기

펴낸이 공재우
펴낸곳 도서출판 흠영 등록 2021년 9월 9일 제395-2021-000171호
주소 경기도 고양시 덕양구 동송로 33 이편한세상시티삼송 2층 32호 A223(동산동)
전화 010-3314-1755 전송 0303-3444-3438
전자우편 manju1755@naver.com 블로그 blog.naver.com/manju1755
인스타그램 instagram.com/heumyeong.press

편집 공재우·심온결
디자인 김선미
제작 영신사

ISBN 979-11-976400-5-6 04300
    979-11-976400-4-9 (세트)